你不能總把這世界的光芒都讓給別人

達達令 著

目錄

004 其實你一直都是主角啊
028 成為一個生活體驗師
046 竹子是最高的草
064 你一定走了很遠的路
086 送給自己的情書
106 我來過這個世界，參與過喜怒哀樂
122 不要在二、三十歲的時候死去

136 起風了
148 旅行可以窮遊，人生千萬不要窮遊
168 人生最大的不冒險，就是學會冒險
190 我們天生都愛美
212 沒有被徹底否定過的人生，也不值得過
230 職場裡並沒有那麼多的情非得已
254 高跟鞋是吸血鬼
264 這是我最糟糕的一年，也是最好的一年

其實你一直都是主角啊

可是我沒有這份勇氣，
我一直窩在自己的角落裡，
心裡念著「我跟他們不一樣，我要做自己」，
可是很多時候我都是難過甚至是痛苦的，
因為當時我還沒有明白自己的心病所在，
我只知道自己不被重視，我很難過。

01

讀者常常會留言給我，最近留言多得看不完，但是我每次都會在夜裡睡覺前看過一輪，遇到很重要的諮詢問題或者分享故事，我也會盡力回答一二。

今天收到一則留言：有些人只是天生主角光環比較強而已。

其實我很想回答：其實真的不是這樣。

我當了很多年那個坐在路邊鼓掌的小孩，而且一直到現在都是。

一是因為身邊總有比你出色的人，所以我總是習慣性的透過為別人慶賀鼓掌，其實大部分是為了掩飾自己心裡的自卑而已，這是真話。

二是因為我自己也在自勉，自己不過是這平凡世間的滄海一粟，我試著在這普通而無聊的日子裡過出一點趣味。但是我也明白，每個人對於所愛之事的嚮往各不相同，或許我眼裡最重要的部分在別人眼裡就是一個笑話。

所以我總是習慣把一個個小小的夢想埋在心裡，然後安慰自己，如果哪一天這個夢想實現了，我再來回顧自己是怎麼一步步走過來的。

倘若不能實現，那我就接受這一點，時間流逝而過，讓它淡了就是。

有天看到好友發了一個動態：

眞正決定性格的，是每個人處理自卑的方式。

這句話我往心裡去了。

02

我有個遠房哥哥F先生，最近一直想找個女朋友，可是每次跟女生見第一次面之後就沒有下文了。

我很疑惑，於是有一次要了其中一個跟他見面的女生的聯繫方式，問了一下實際原因，終於恍然大悟。

女生告訴我說，F先生也算落落大方，可是剛見面坐下來的第一句話就是，我媽說我從小就很聽話，我姊說我有時候太老實了不好，我小時候的同學也說我有點木訥，可是現在的朋友也說我是個可靠的人……

女生於是反問，那你自己呢？你是怎麼看待自己的呢？

F先生這時候一臉驚愕，我自己？這……這哪有人自己會誇自己啊？

女生回答，我不是要你誇自己，而是你要用你自己的第一人稱，描述一下自己的性格，好的部分跟不好的部分都可以說。

F先生還是疑惑，可是我真的不知道要說什麼才好。

女生回答，那好，我們退一步，那麼你有什麼興趣喜好，平常的生活狀態大概是什麼，這個你總可以自己說吧？

F先生說，這個當然可以，我上班時間還算正常，偶爾加班，晚上下班了喜歡在家看書，週末也會出去打球或者爬山，我也喜歡看電影，也喜歡看歷史劇，有時候也會研究一下歷史。

於是女生引導說，好，那按照這個邏輯，再倒推回去，回答剛剛前面那一個問題，你是什麼樣的一個人？

F先生還是答不出來。

這一頓飯過後，也無疾而終了。

03

你是一個什麼樣的人？

這個問題說小可小，說大可大。

通常我們對於初次見面的朋友，或者找工作的時候自我介紹，也都會大概提一下自己的基本情況，這樣可以讓對方留下第一印象。

至於那些比較深交的朋友，我們也會在後來的每一段對話中，漸漸深入的把很多內在表達出來。這個時候你已經走到了心裡第一層舒適區了，因為眼前這個人是讓你感覺安全的，所以你願意自我表達的欲望會更強烈一些。

這是很簡單的邏輯，但卻不是每一個人都能做到。

04

F先生小時候跟我們家來往不多，但是偶爾也會從長輩的聊天裡得知他的一些情況。

第一天去幼稚園，F先生的爸爸送他到教室門口，可是他一直不願意放手讓自己的爸爸走，無奈之下他爸只能守在教室的窗外，讓自己的孩子能隨時看見自己。

其實我們都知道，上幼稚園的第一天，就是我們心理上斷奶的第一個階段。背著書包前一秒高高興興去上學，可是下一秒得知父母爺爺奶奶要離開，丟下自己一人的時候，瞬間就會慌張到嚎啕大哭。

這個時候，大家的起點都是一樣的，所以都能看見家長在不停的安撫自己的小孩。

有些性格比較獨立的孩子，父母溝通一下並說放學之後就會來接他，心裡的情緒可以很快的平復。

而有另外一些家長就是純粹安慰你不要怕，但講不出一個可以說服孩子的理由，結果就如同F先生一樣，透過聲嘶力竭的拉扯衣服加上耍賴，大庭廣眾之下他爸也很無奈，只能守在教室門口。

結果這一守，就守了整整兩個月。這也成了我們成年以後大人還喜歡拿來取笑F先生的回憶，每一次F先生也是低頭笑笑就過去了，我以為他沒有放在心上。

到了後來，F先生的每一次升學考試，大學填志願，大學畢業後選擇工作，這些都是父母為他做主，就跟很多人的成長過程是一樣的。

有一天F先生突然發訊息給我，你知道嗎？有時候我恨死了我父母。

我很震驚，你怎麼會這麼想？

你看我這樣順順利利的畢業工作，家裡幫我買車買房，按道理來說我應該是很幸福的。可是不知道為什麼，我一方面恨自己太屈服於父母的安排，另一方面卻又很依賴這種安排，就像一個魔咒一樣，我覺得自己一輩子也走不出來了。

小時候去上學的第一天，他們沒有狠下心讓我獨立，在教室外守著我兩個月，讓我留下了很嚴重的自卑陰影。每次去親戚家串門子吃飯，長輩都會開我玩笑，我不好意思反駁，只能生悶氣了。

F先生還說，要是以前也就算了，現在我快三十了還沒結婚，父母也很著急，但是戀愛結婚這種事情急不來啊！這是他們人生第一次逼我做一件事情，每天都要我去相親相親，我現在覺得自己連戀愛的心情都沒有了，結婚都變成了一種任務了。

我安慰他，你就好好去相親，這不是很難的事情。

F先生聽進去了，所以才有了前面提到的相親故事，然後就是一次次的相親失敗。

05

F先生問我，你難道沒有自卑的地方嗎？你難道就沒有怨恨你父母的地方嗎？

我說有啊！超多的。

我從去學校念書開始，就一直是個乖乖女，加上小學課程不難，成績也不錯。我們從小到大接受的教育體制裡，都是從所謂的好學生裡選擇誰可以當班長、要派誰去參加國語文競賽，我在學校裡就一直是那個很常被老師選為班級幹部、被派去參加比賽的乖小孩。

有一個很奇怪的現象就是，每一次我參加藝文表演或者演講比賽的時候，我媽都會到學校來看我，這本來是一件好事。可是每次我表演完下臺以後，她一定會第一時間衝過來問：你一定很緊張吧！你都不知道我在臺下手心都出汗了，真是嚇死我了！

我每次都會笑笑說，這沒什麼啊！

可是詭異的是，後來我媽每次都會在我上場之前不斷說，你不要緊張啊！我知道你現在一定很緊張，你等等上臺千萬不要出錯喔記住了嗎……這些話她會重複幾十遍，一直到我上場前那一瞬間她都還繼續說著。

那個時候我並不知道有吸引力法則這個概念，我一方面感激我媽每一次在我人生的重要時刻都陪伴著我，可是另一方面我又覺得有些詭異，總覺得哪裡有些不對，可是我終究說不出來。

於是就這樣，她從我就讀幼稚園開始一直這樣洗腦我，一直洗到了六年級。

後來發生了一件事情，就是六年級那一年我代表學校去參加縣市級的演講比賽，因為這個比賽很重要，所以那個時候我每天放學就會去辦公室接受老師的訓練，晚上由我媽接我回家。

在回家的路上，我媽就會一直嘮叨，你一定很辛苦吧？到時候要在大會場當著這麼多人的面演講，那場面一定很可怕。但是你也別擔心，表現不好也沒關係，不要覺得丟臉啊……

其實說真的，那個時候六年級的課程壓力不算很大，每天自己練習兩個小時根本就不累，而且那對於身為學生的我而言，本來就是很榮耀的一件事情，熱愛與激情早就稀釋了所謂的身體上的痛苦了。

可是我媽就是習慣性的負能量，她把一些能預設到的糟糕結局都在我面前不斷重複說著，我本來不擔心的，可是後來時間長了，我覺得自己還是被影響了。

那一次的比賽，我沒有發揮得很好，只拿了並列第二名，三個人當中的一個。我回到家裡，我媽很高興的安慰我，我就說了嘛！本來也沒打算要很好的結果，現在不就很正常了嘛！

很多年以後我才知道這個邏輯叫做「墨菲定律」——**如果你越擔心某種情況發生，那麼它就越有可能發生。**

可是在當時我那年幼的價值觀裡，根本不知道這個概念，我也處於矛盾的心情中，一方面覺得我媽安慰我這件事情很窩心，可是另外一方面我心裡有一個聲音在問自己，如果當時我媽沒有給我灌輸那些一定會失敗的所謂「念念不忘」，那我的結果會不會更好一點？

沒有人給我解答，只是從那以後，我感覺所有的事情都開始發生變化了。

從進入國中開始，我不再敢參加任何的校園藝文活動，不敢積極表現自己，就算只是運動會開幕式班上需要一個舉牌手，我覺得自己很合適，可是我永遠不敢推薦自己。

這也就算了，每次人群中突然有個人推薦說讓小令上吧，那一刻我都會緊張到要暈過去，腦袋一片空白，根本沒有辦法應付眼前的局面。

我從心理上的緊張，開始轉變為生理上的緊張。

06

這種惡性循環一直延續到高中，再來是大學。

我現在都很清楚的記得考完大學考試那一天晚上，我媽跟我說了一句，我現在終於可以不用忍著不告訴你了，你都不知道這一年來我每天夜裡沒有一次睡得安穩的，你考試這幾天我都頭痛到要進醫院了。

她長吸一口氣，說現在終於好了，我可以放心了。

從那一次開始，我發現，我媽的過度擔心跟關愛，已經成為我的負擔了。

那也是我第一次在心裡告訴自己，以後我所做的每一個選擇，我只會跟我父母說我是安全順利的，至於這個過程裡的經歷跟忍耐，我再也不會跟他們說了。

他們沒有那樣的格局能夠承受以及消化我成長過程的難題，以前的我無能為力，但是現在我意識到這一點了，我必須自己走出來。

因為再也沒有了依靠，所以我只能自己盡快獨立和成長，其實這個過程很痛苦，我一方面要面對沒有後路所帶來的不安全感，另一方面還要跟自己不好的性格造成的行為對抗並自我分析整理。

我當年一直跟別人說我要好好念書，我不屑參加那些無聊的藝文表演活動，其實都是為了捍衛自己內心那份脆弱的自尊心跟自卑而編造出來的說辭。

哪個孩子不喜歡在人群中閃耀？誰不希望接受別人的讚美和掌聲？被人鼓勵有時候是虛榮，但也是讓自己更努力變好的動力，只是看自己如何消化罷了。

可是我沒有這份勇氣，我一直窩在自己的角落裡，心裡念著「我跟他們不一樣，我要做自己」，可是很多時候我都是難過甚至是痛苦的，因為當時我還沒有明白自己的心病所在，我只知道自己不被重視，我很難過。

07

我的故事說完了，F先生問，那你是怎麼化解這份自卑的呢？

我說要先承認吧，我的成長過程裡遇到了這樣的父母，他們沒有錯，但是他們也沒有意識到這樣做是不太合適的，甚至在他們忙碌應付生活的日子裡，至今都沒有意識到這是一件很嚴重的事。

可是成長的日子裡，我們都是一步一步驚險渡過的，任何一個小細節都有可能讓一個孩子留下一輩子的陰影。

不是所有的父母都能夠跟自己的孩子一同成長，我接受這一點了。

先跟不自知的父母和解，這是第一步。

第二步就是你意識到這一點了，所以要自己去糾正性格裡的劣根性。

這句話說起來簡單，可是快十年的病根，又怎麼可能一下子就能解決？

我的第一個辦法是自己寫日記歸納分析。

把對自己最不滿意的部分列出來，赤裸裸的刺激自己，這就是眞實的我，這就是無法逃避的部分，你要麼帶著心理負擔一輩子這麼下去，要麼就要拔除這個腫瘤。

第二是我會找自己身邊的好朋友尋求自我價值。這個時候我真是感激自己在大學時遇到了一份珍貴的友情，以及一份沒有利益關係的單純戀愛。我第一次意識到自己是有人愛的，我並不是生活裡的配角，也有懂得欣賞並且願意欣賞我的人。

第三是就是找機會練習了。大四畢業開始找工作，總是要向公司推薦自己的，於是我就一場一場的去面試，每一次介紹自己的說辭都不一樣，看看哪一個說法更合適。

還有就是進入職場後，我心裡依舊有些許陰影，我不敢當出頭鳥，總是當第二個發言或者最後一個發言的人，既然這樣，我就練習自己記錄以及歸納的能力，把歸納分析的邏輯當成是自己的生存能力之一。

當然到了第三步，就是**你還是得從心裡接受這樣一個自己，她不夠完美，可是她就是你。**

這句話說起來簡單，可是做起來也不容易。

我告訴F先生說，你相親時**總是拿別人對自己的評價來介紹自己，那是因為你在心裡還不敢面對自己，或者你沒有真正靜下心來歸納分析過自己是怎樣一個人。**

08

之前我看到一個演講分享，一個女生申請一份世界五百強工作的機會，她的履歷很精彩，名校畢業，成績很好，參加過很多厲害的活動，手裡還拿著幾個名人的推薦信。

她一路過關斬將，最後到了跟董事長對話的面試。

董事長問她，你能介紹一下你自己嗎？

女生很奇怪，不是初次面試的時候就已經介紹過了嗎？現在到這一步了還需要再介紹一次嗎？

董事長不說話，微笑看著女生。

女生於是照做了，她把之前面試的自我介紹重複說了一遍。

董事長問，如果去掉這些履歷上的所有頭銜，你自己到底是怎樣一個人？

女生一開始有些慌張，但是後來想想反正也沒別辦法了，於是她說，我一直念書到博士然後再讀MBA，我一直都想向別人證明我是誰，可是如今到了這個時候，我已經三十歲了，我發現自己到頭來不過就是一個想擁有好奇心、永遠追求有趣之事並且只為取悅自己的人。

後來的結果是，女生得到了這份工作。

09

潘婷有一年的一系列廣告我都很喜歡，它的主題都是激勵女孩成為閃耀的自己。我想起諾貝爾文學獎得主安德列．紀德在他的《地糧》裡說的那一句，「你永遠也無法理解，為了讓自己對生活發生興趣，我們付出了多大的努力。」

是的，我曾經是個渴望被人矚目的人，而後漸漸湮沒於人群中，我找尋一個個可以安慰自己的藉口，卻發現自己不是不習慣平凡，而是不理解平凡的真正意義所在，**因為即使在平凡的日子裡，我們也是自己生**

活裡的主角不是嗎？

不是所有人的天生主角光環都很強，也不是所有人都能在配角的生活模式裡醒悟過來。生活裡很多事，我們難免被比較被評斷，比如學生時代比的是成績，工作之後比的是收入。

可是我們沒有意識到的是，我們成為某人的愛人、妻子或者先生、我們成為父親或者母親，成為別人的媳婦或者女婿……以及成為你自己，這些根本沒有一個絕對的評斷標準擺在你面前。

就像我成為我父母的女兒，他們成為我們的父母，**沒有人天生就適應這個角色，但是我們應該接受這個角色的到來以及讓自己發揮得更好。**

這裡的每一個角色就你自己而言，就是獨一無二的，你就是這場關係、這個局裡的主角，不管表演的好壞，沒有人對你負責，也沒有人評價你的演技如何。

但如果前提是你更加了解你自己，或許在找尋合適的朋友、合適的愛人、合適的工作甚至是合適生活的城市，都會對你的選擇更有幫助。

身為一個悲觀的樂觀主義者，我的一貫邏輯是**我們總要學會給自己希望，畢竟你總不能把這世界所有的光芒都讓給別人吧？**

沒有人天生就適應這個角色，

但是我們應該接受這個角色的到來

以及讓自己發揮得更好。

成為一個生活體驗師

世界這麼大，我們得自己走過才知道有多大，
人生這條路太長，我們得親自體驗過，
那些我們所遇見的人，
所經歷的事，體會過的酸甜苦辣，
我們才有資格說自己是否完整了我們想要的一場夢。

01

我不是個愛表達情感的人，連最親密的閨密也很少見到我掉眼淚。通常我的情緒發洩方式是在夜裡聽音樂，順著情緒就把不好的壓抑跟隨著眼淚出來，慢慢的心情也就好了起來。

其次就是去電影院，在那一場不到兩個小時的相對而言的封閉環境裡，等所有的燈光暗下，即使身邊的人嚼著爆米花，咕嚕咕嚕喝著可樂，我自己的心情也能在瞬間切換到此時此刻只有我自己一個人的狀態，然後我就讓自己走進一個光影的世界了。

我不算是個會對一種情緒沉澱很久的人，也就是說，即使是有些看起來很美好的東西，我也會敲一下自己的腦袋，問問自己是不是太片面的看待了？

這樣自我反省的另外一個好處是：**在我遇到困境的時候，我不會再**

刻意放大自己的悲觀情緒，反倒開始安慰自己，這一定還不是最糟糕的時刻，我接下來要做的不是後悔，而是先解決問題本身。

電影之於我是一樣的，無論我在那個時刻裡看到了什麼讓我感動或者跌宕起伏的劇情，走出電影廳的那一刻，我就絕對會切入現實的狀態，而大部分時候當前的唯一現實就是，哎，女廁的人也太多了吧！

02

讀大學時，為了加強自己採訪跟寫新聞的能力，我總是找各種機會去跑大大小小的新聞，四年來跑得最多的地方就是學校的大講堂。

學校裡的各種藝文表演、學術講座、知識競賽都在集中在這個地方舉行。時間一長，我就有了制約反應，每次去參加這樣的活動，一開始就把最基礎的新聞五要素填充進去，然後守候一晚上，就為了等主持人或者嘉賓一句有亮點的句子，用來當做標題。

然後，我的任務就完成了。

大部分時候，這一整夜下來，我一直都是坐立不安，豎著耳朵聽清楚每一個人的發言，然後馬不停蹄的記在自己的筆記本上，速度稍微慢一點錯漏了，我就開始慌張，然後努力回想，這個時候又有新的訊息進來，我又開始陷入是該記錄當前這段文字，還是死命回想起嘉賓剛剛說過的那個案例的掙扎狀態中。

活動剛一結束，我還得見縫插針衝去採訪嘉賓幾句，看看能不能生出新的內容。

這種狀態的好處就是，出稿出得很快，基本上活動一結束，我就可以趕回宿舍把稿子敲出來了。趁著記憶清晰，所以思緒很順暢，寫起來也很舒服。

順其自然的，我的稿費也越來越多，至少那個時候對於一個月一萬元生活費的我而言，的確算是一筆不錯的收入了。

03

可是物極必反，這種狀態導致的另外一個結果就是，我從來就沒有好好欣賞過在這個大講堂裡舉辦的任何一場活動，無論是好玩的藝文表演，或者是激烈的校園辯論，就算是請了一位很有分量的嘉賓來演講，我都沒有心情獲得該有的對應體驗。

當我意識到這種情況的時候，已經成為一個大四的學生了，我跟學校的老師溝通，說我不想寫新聞稿了。

為什麼不寫啊？你一直以來都寫得滿好的啊！

不了，大學只剩下最後一年了，我想轉換一下狀態。

老師默許了。

這個時候的我已經漸漸成為這個學校的邊緣人，對低年級同學舉辦的一切活動都不感興趣，加上論文、實習、就業等一堆繁瑣的事情集中撲來，但我還是騰出了一些時間給自己，我去看了我們學校最著名的話劇社那一年的年度表演。

那一次演的是《畢業那天我們一起失戀》，我跟同學一起去觀看。這是個很搞笑的故事，台下的觀眾看得樂不可支，我也一樣跟著看得很投入。

但和其他人不同的是，我像是一個新來者，第一次對於我的大學裡居然有這麼出眾的話劇社感到驚訝，他們的表演一點也不比電視上的某些小品差，而且把我們學校熱門話題的惡搞也都穿插了進來。

我看著看著，笑得肚子都快抽筋，然後我再看著看著，慢慢掉下了眼淚。

身邊的同學看我這個樣子，趕緊安慰說，這故事說的是畢業季，說的是失戀跟畢業將要各自分飛前的最後一次聚餐，可是我們還有好長一陣子要待在學校不是嗎？而且你看他們多有趣啊……

同學一邊出聲安慰，眼睛卻是依舊目不轉睛的盯著舞臺上。

對啊，他們多有趣啊！

但這卻是我三年多來第一次如此輕鬆的觀賞節目，沒有寫新聞稿的任務，有的只是身為一個純粹的觀眾，跟著自己情緒的喜怒哀樂隨意的宣洩。

我從來沒有過這般體驗，在此之前。

04

剩下的日子，我去看了學校電臺的年度配音大戲，聽了一些學術研究的講座，那一年裡我看最多的居然是學校的籃球比賽，每個學院的內部比賽，再到學院代表隊之間的比賽，我居然一場不落的跟著看了下來。

我至今記得那些夕陽下的日子，課程學分已經修完，我趕著去學校門口外帶一碗炒飯，然後跑到體育場邊，看啦啦隊們敲著鑼鼓喊著口號，我自己突然也跟著叫喊起來，如同我是個剛入校的新生，崇拜的看著場上的每一個人。

那幾個月的時間裡，我期待著學校的大講堂裡有更多的活動讓我參加，因為我再也沒有寫稿負擔了，我可以盡情享受了。

可惜的是到了入冬季節，大講堂的活動就全部變成了考研究所的講座跟公務員考試的講座，每一個同學拿著厚厚的資料走進那個地方，然後走出來的時候嘴裡不停的念著：哎，我不打算考研究所的，只是進去隨便聽聽而已，結果聽完一場講座，弄得我好像不考研究所這輩子就完了，怎麼辦怎麼辦……

那個時候的我們，已經沒有太多享受大學時光的心情，都在為自己的未來糾結而奔波著。

05

我的第一份工作是電影企劃，這期間輾轉了幾個部門，可是不管什麼時候，我的工作需求都是跟電影和電視劇有關。那個時候的我每天都可以光明正大的打開電腦螢幕，看電影或者電視劇，不管我看的到底是不是跟今天的企劃工作有關的片子，總之就是沒有人會對我有意見。

那些日子真是幸福啊，韓劇《來自星星的你》風靡全世界的時候，每個女生都在瘋狂的開著小視窗偷偷的抓緊時間看一點劇情，我卻是直接打開全螢幕，然後跟同事說我要做一集外星人的專題。

徐崢的電影《泰囧》正夯的時候，我光明正大的打開螢幕，說我要整理一些公路劇，做一集跟著電影去旅行的專題。

至於各種喜劇片，我更是一個下午能看三部，然後跟自己說要了解一下喜劇的不同表達方式，在春節將近的時候做一集過年特別企劃。

即使是到現在，當我跟別人聊起這份工作的時候，他們都說我是走了狗屎運了，居然能遇到這麼好玩的工作，一邊看著電影一邊就把工作做完了，即使依舊需要完成其他具體的工作，但是整體而言和其他人所謂無聊的工作比起來，我真是他們羨慕的對象。

可是時間久了，我又開始懷疑自己了。

我從當年在大學裡寫新聞稿寫成了機器人的經驗中開始反思這份工作，如果這種狀態在別人的描述中是那麼美好，而我自己還沒有意識到有不對的地方的存在，那就一定是出問題了。

果然，我開始發現問題了。

做電影企劃這三年，雖然我看了無數的電影，但也不是所有的片子都是我喜歡的，那個時候我可以第一時間看到還沒下院線的大片，而且全都是高清正版來源，遇到票房不好或者是真的不好看的電影時，我還要逼自己用各種文字包裝它，有時候也是一件痛苦的事情。

而更加痛苦的是遇到我喜歡的電影，我第一次看的時候，就要開始從它的背景、劇本、製作團隊、投資方，還有演員的名氣以及最近有無緋聞等等來切入，我要在這些元素當中挑出亮點來選擇包裝這部片子的角度。

經歷了這個過程，無論一開始我有多喜歡這部片，到了最後也被肢解成不同的片段，我來不及欣賞電影的劇情跌宕，就要開始執行我的任務，寫下一篇篇影評跟推廣業配文章了。

我曾經為了跳出這種職業病的觀影方式，也會去電影院看最新的院線片，可是每次計劃週末要買票去看的時候，身邊的同事，你知道的，都是跟我一樣工作內容的人，他們在吃午飯的時候，在茶水間的時候，在廁所的時候……他們一直都在聊著最近這幾部電影的話題。

一天下來，基本上你已經知道這部電影到底說的是什麼，拍得怎麼樣，好不好看之類的，他們全部替你體驗過了。然後就是，我連買電影票的欲望也沒有了，有時候即使我一意孤行堅持要去電影院，就會突然有個人跳出來說，小令這部電影片源上午就到我們公司版權部了，要不要我去幫你拷過來？

這一刻，我終於不再叫嚷著要去電影院了，而停止去電影院的狀態，就這麼持續了三年。

三年後，我離開第一家公司，我做的第一件事情就是退出同事們的討論群組，不為別的原因，我害怕看到他們專業的討論一部電影的相關種種，這些資訊我再也不想要了。

我想要的，是我自己去體驗過的感受，而不是別人體驗加工之後的二手資訊。

現在回想起來，其實我也蠻懷念那段時光的，因為相對於很多人的第一份無聊可怕的工作經歷，我的這一份工作體驗是讓我滿意的，至少在離開之後的日子裡回憶起來，我的腦海裡沒有過半點抱怨的詞彙存在，反而因為自己有過那麼一段時光而感到慶幸。

06

也是這件事情過後，我開始體會到了「享受當下」這個詞語的意義。

我少了一些焦慮，多了一些珍惜當下。雖然我知道生活依舊艱辛，我還在努力奮鬥的路上，這個車水馬龍的大城市裡一直在塞車，我還不知道自己的未來的會怎樣，但是至少我沒有那麼恐慌了。

有一次看完電影，我們散場走出電影院，突然看到門口有一對情侶在吵架，我仔細一看這不就是剛剛坐在我旁邊的那對情侶嘛！

聽了一下，大概原因是男生不小心把女生的一把雨傘掉在剛剛吃飯的餐廳了，一場電影看完，打電話過去問已經找不到了。

女生帶著哭腔，說那是自己最喜歡的一把傘，而且價錢也不便宜。

男生於是安慰，那我再買一把給你就是了。

女生不依不饒，「你剛剛明明在電影院裡面發誓要一輩子對我好的，可是你為什麼總是讓我傷心呢？」

我聽到這話差點笑出來了，男人的誓言你也敢相信？

我跟朋友離開了，我不知道後來的他們怎麼樣了。

電影不過是電影，期望著拿一場電影來讓自己與所愛的人學會珍惜彼此，是可以有一點促進作用，但是奢望用一場電影來改變兩個人的戀愛模式，甚至是要對方作出承諾，那不是個笑話嗎？

07

我算是個掃興的人，至少我是這麼評價自己的，可是我從來不掃別人的興，我看著別人前一秒說我要辭職我要跳槽，看著他們說我要分手我要尋找更好的人，看著他們說我要奮鬥我要活出自己，然後看著他們幾分鐘之後，考慮到實際執行的難度，於是停了下來保持原狀。

我永遠都會默不出聲，之前既不鼓勵給予信心，之後也不會打擊或者警示他們。

一個人要有危機感，加上開始思考到要為這一切做準備，意識到這一點然後走在動起來的路上，我願意說服自己，已經夠是難的了。

我只會對自己時時刻刻提出兩面不同的思考角度，從這點上來說，我是個冷漠的人，即使我是個善於安慰別人的高手，但是我從來不喜歡給人做選擇的建議，因為我覺得我們都不配，哪怕是父母，我也希望對話的方式是建議性的，而不是自上而下的命令。

世界這麼大，我們得自己走過才知道有多大，人生這條路太長，我們得親自體驗過，那些我們所遇見過的人，所經歷過的事，體會過的酸甜苦辣，我們才有資格說自己是否完整了我們想要的一場夢。

你才是主宰自己生活的那個體驗師。

我想要的，

是我自己去體驗過的感受，

而不是別人體驗加工之後的二手資訊。

竹子是最高的草

每個人的成長之路上，總是需要有這麼一個人，
在他看似平靜的生活裡，
給予一些關於人生選擇這種大問題的思考，
即使那個年紀裡的自己並不能理解的太深刻，
但是只要有一道光照進來，
那就足夠在後面的歲月裡用上很多年，甚至是一輩子了。

01

竹子是最高的草。

從國中開始，我就開始寫日記，每一次開始用一本新的日記時，我總是會在第一頁寫上這句話。這已經成了一件有儀式感的事情了。

這句話來自十多年前，當時我在念國中，因為在小地方上學，加上手頭不寬裕，那個時候我唯一買得起的書就是兩本文摘雜誌，它們成了我唯一的課外讀物。或許這就如同現在一些刊載勵志金句和文章的社群專頁一樣吧，這兩本雜誌也是把一些溫暖人心的句子匯整起來。

02

有一天我看到了這篇文章，題目就叫〈竹子是最高的草〉。故事的作者是個女生，她出生在鄉下地方，可是很幸運的是，她長得小巧玲瓏，膚白貌美，完全沒有一點鄉下小孩的氣息，而且她出生以來就很有潔癖，討厭不乾淨的東西，可能有些東西就是天生的吧，這並不算是矯情。

可是生活在鄉下，想要維持片刻的乾淨是不可能的。女生從小就要幫忙做家事，她總是習慣把鍋碗瓢盆洗了又洗，每次洗菜的時候也要過好幾次水才願意下鍋炒。因為住的是磚瓦房，女生覺得家裡時時刻刻都布滿灰塵，這讓她很不舒服。

有一天她母親在整理廚房，女生看著黑漆漆的廚房，突然問了一句，為什麼家裡會這麼髒？

母親回答，鄉下地方，家裡本來就是這樣啊！

可是我想要乾乾淨淨的，因為我覺得自己跟這裡的其他小孩不一樣，我不習慣這種髒亂的環境，而且我看電視裡面，為什麼別人家的房子就是明亮乾淨的呢？

女生這段話讓母親愣住了，過了一會，母親把女生帶到屋後的樹林裡，然後告訴女生，你看這一片樹林，有很多草對不對？可是你看看，即使都是草，還是有差別的，你看那些竹子，它們也和那些雜草一樣是禾科植物，它們剛長出來的時候在樹林裡也很不起眼，可是過了三五年之後，它們會以飛一般的速度往上生長，長成很高很高的竹子，然後它們就再也不是不起眼的植物了。

母親說，你也要像這根竹子，雖然出生在不夠肥沃的土地上，可是只要你記著你跟其他的植物是不一樣的，你跟其他的鄉下小孩是不一樣的，你要讓自己的力量變得更深更足，那你就有機會走出大山，就有機會成為很出色的那一個。

這個故事的後來結局就是，女生不再糾結於家裡的狀況，她開始用功讀書，後來她考上了外交學系，然後成了某一個國家元首的貼身翻譯，她說因為母親說過希望每天能見到女兒，所以女生就請自己的母親每天打開電視看新聞，這樣就可以看到女兒在螢幕裡的身影了。

這個故事要是放在如今滿是雞湯文章的閱讀市場，絕對是一個不起眼的故事，可是要知道那可是十年前啊，我的價值觀還完全沒有建立好，這個故事給我的衝擊太大了。

於是從那個時候開始，我就把這一句話記了下來，然後一直用到了現在。

我把這句話放在自己通訊軟體的狀態欄上，後來我身邊很多人問我這句話的意思，我都是一笑而過，也沒有解釋。

現在想起來，這應該是我人生中最重要的信仰之一了。

03

後來我上了大學，有了電腦，有一天我突然想去找找這篇文章，而且也真的被我找到了，可是再次讀到這個故事的時候已經沒有了小時候的那種感慨了，而且我也不知道這個故事的真實性有多少，就連我讀到女生在自己的日記寫下那一句「不要怕埋沒於周圍的荒草中，只要心懷竹的美麗夢想」，我也覺得沒有什麼激動人心的回饋了。

可是我終究感激自己當年讀到了這一篇很不起眼的文章，然後在我心裡種下了一顆小小的種子，那也是我腦海裡第一次出現一個虛構的榜樣，我可以順著她的路，努力上學，走出小地方，去看看外面的城市。

這就是我最初努力的動力來源，僅僅源於一篇文章，即使後來的日子裡我遇到無數的難題，可是每天夜裡打開日記本的時候看到扉頁上的這句話，我的心裡就會瞬間得到平靜，甚至有一種堪比宗教帶給我的平復魔力。

我總會想起當年那個十幾歲的小女孩，窩在自己家的小小房間裡看到這篇文章時候的興奮，因為她已經預感到將來會有一個很大很美的世界等著她去探索。

04

連續假期回老家的時候，我教小學三年級的小姪子寫作文，他那天寫的作文題目就是〈我的夢想〉，很奇怪，看到這幾個字的時候，我笑了出來，心裡感慨十幾年過去了，但教學內容依舊如此。

我問小姪子，你長大了想做什麼？

他說想當工程師。

小姪子很喜歡各種機械類的玩具，他熱衷於看遠處挖土機的工作，也喜歡把玩具槍拆開再拼成別的模型，他還喜歡自己把兩節小木棍用繩子組裝起來，說這就是雙節棍……所以對於他的這個回答，我覺得也很合理。

按照我一貫喜歡戳破幻想的現實主義邏輯來說，我本來是打算告訴他工程師並不是一件好玩或者光鮮的事情，就像之前網路上有一個熱門話題「大學科系在幻想與現實中的差別」，比如建築師聽起來像是站在富麗堂皇的辦公室裡規劃土木建築設計，可是實際上呈現的卻是帶著個安全帽，天天在工地裡吸盡無數灰塵的無奈畫面。

但是我卻很奇怪的開始有了耐心，我引導小姪子，可以多看一些相關的益智類電視節目，甚至他打電動的時候我也會要他說一下這場遊戲布局策略的想法，我也告訴他當工程師是一件很好玩的事情，但是前提是要把基礎的學科知識學好，這樣才能有機會考上大學選擇自己喜歡的科系，然後才能更靠近他的這個夢想。

我不知道小姪子有沒有聽進去，但是我自己已經知道，**每個人的成長之路上，總是需要有這麼一個人，在他看似平靜的生活裡，給予一些關於人生選擇這種大問題的思考，就如我當年看到那個關於竹子的小故事一樣，即使那個年紀裡的自己並不能理解的太深刻，但是只要有一道光照進來，那就足夠我在後面的歲月裡用上很多年，甚至是一輩子了。**

05

以前我不大能了解啟蒙教育這個概念，可是當我想起自己的過往經歷時候，還是有一點參考價值的。

小學一年級的時候，電視裡有一個兒童節目，主持人總會在節目尾聲提出一些小問題，然後留下地址歡迎小朋友們寫信回答。

有一天我爸提醒我，你要不要也寫一封信過去呢？

我很驚訝，我說聽說這個電視臺好像離我們很遠。

我爸笑著，然後叫我寫一封信，我已經不記得我當時寫了什麼了，大概就是回答幾個問題，然後寫了我對主持人的喜歡，我爸就拿著這封信到郵局去寄了。

這件事我就忘了。

一個月後的某一天，快要放學的時候，班導師突然拿了一個包裹給我，我一開始不是驚喜，而是被嚇著了，我們這些鄉下孩子，根本就不知道怎麼寄信，更不知道有寄包裹這件事情。

小鎮上唯一的物流單位就是郵局，看得出這個包裹幾經輾轉，紙箱已經破損得很嚴重了，當時班上所有的同學都盯著我看，我心跳加速，不知道怎麼處理。

班導師說了一句，要不然我幫你打開好嗎？

我點頭。

打開包裹，裡面除了有一封信，還有整整兩大排當時最流行的兒童飲料！

班導師幫我看了信，說這是電視兒童節目給你的獎品，希望你繼續好好用功讀書。

06

這件事情過後，我成了班上最讓人羨慕的同學，那個小小的包裹在當年帶給我的成就感，不亞於後來考上大學拿到錄取通知書那一刻的激動。

也是在那一刻，我的心裡第一次覺得，原來電視裡的他們離我很近，當時還沒有「連結」這個說法，可是現在回想起來，這就是一種連結力量帶給我最初的動力。

人總是需要一些外在的鼓勵，來支撐自己獲取某一種信仰撫慰，小孩子如此，大人也一樣。

我之所以提起這個故事，是因為這幾天有很多人留言給我，說他們在我小時候就會買的那兩本雜誌上看到了我的文章，他們感謝我字裡行間給予他們的力量。

這種感覺很奇妙，十多年前我在這兩本雜誌上尋找精神力量，而如今我變成了那個講述自己的故事，給予別人撫慰跟力量的人了。

我很喜歡這種漫長時光過後發酵出來的劇情，很像是不真實的故事，可是就是在我身上發生了，而這種沉澱過後有收穫的思考邏輯，我也會用在生活中其他的境況裡。這也是為什麼雖然我身為一個悲觀主義者，即使意識到現實世界中不夠美好的部分，可是我依舊願意去追求自己想要的生活的原因所在。

或許就是在那個很小的年紀裡，你對這個世界的期待大於不信任，這種信仰造就了你的價值觀，讓你在後來的日子裡也能擁有一股深厚的力量，這股力量無法被一般的困難摧毀，即使遇到很大的困境，只要回想起小時候那個被全班同學羨慕的畫面，我就覺得自己的意志力還有一口氣的存在。

我需要別人為我編織一個夢，所以我也會編織一個夢給我的小姪子，至於將來工程師到底是不是一個他喜歡的夢想，用他後來成長的過程裡所形成的價值觀，已經足夠他去辨別這一切了。

07

昨天有個男性讀者加我好友，他說自己在美國讀博士，我看了一輪他的個人頁面，他說前幾天是他最最開心的一天，因為他終於還清了最後一筆錢，為了考研究所，為了讀研究所然後再到出國讀博士所花費的錢，他全部還清了。

從大學畢業到現在，他生命中最寶貴的五年，不管如何心酸，他總算挺過來了，他說了一句，從今天開始，我可以自由的奔向遠方了！

即使隔著一個螢幕，我讀到這句話的時候也有些觸動，我的眼前浮現了一個為了走到更遠的世界，背著金錢跟心理上雙重壓力的奮鬥青年，就在前幾天終於卸下了一個大包袱，即使是陌生人如我，也真心為他高興。

話說物以類聚，我身邊總是有著太多這樣故事的人，我也願意相信努力跟奮鬥本就是一個漫長的過程，因為成果難得，所以才顯得珍貴。那些願意讓自己變得更好的人，他們的靈魂讓人感覺真實，所以令人動容。

08

回到關於竹子的那個小故事，希望你我雖處於這世俗之中，但是也願意聽從內心那個真實的自己的聲音，然後記著，竹子從來不曾抱怨自己是草，它也從不遷怒於周圍的草，聰明的將自己拔高，草們的蜚短流長便奈何不了它。

竹是最睿智的草，它融於草，而高於草。

同樣是生活，每個人的狀態卻各有聲色，願你我都在這平凡而又忙

碌的漫長歲月裡，成為一株讓自己覺得不同的參天之草，那是來自我們心底的支柱力量，這種力量叫做勇氣。

同樣是生活，

每個人的狀態卻是各有聲色，

願你我都在這平凡而又忙碌的漫長歲月裡，

成為一株讓自己覺得不同的參天之草，

那是我們來自心底的支柱力量，

這種力量叫做勇氣。

你一定走了很遠的路

當她跟我說，你一定是餓壞了吧？
那一刻我突然發現，
這句話也只有我媽會跟我這麼說了。
或許這份樸實的關懷，
在我那個滿腹自尊心而又內向的年少歲月裡，
是最打動我心的一句問候了。
千言萬語，也比不過這一句。

01

國中的某一個週末，有個班上不熟的女生跟我說，小令今天下午我帶你去我叔叔家吃飯。

你叔叔家？誰啊？

你別問，去了你就知道了。

女生帶我到學校附近的住宅區，那裡林立著幾排還沒有拆遷過的泥瓦房。走進屋裡的時候感覺很暗，好在那個下午陽光很好，光亮透過窗戶折射進來。

空氣中流動著灰塵，有種鐵板燒吱吱作響的縈繞感。

屋裡有個大叔出來迎接我，四十歲上下的年紀，看見我就和藹的笑起來。

我有種莫名其妙的親切感，但是因為警戒心還是不敢太靠近。

女生同學介紹我，這是我叔叔。

我笑著不出聲，當做是回應了。

大叔說了一句，我跟你爸是戰友。

哦。

我想起來了，我爸之前當過八年兵，但是他很少跟我說起自己戰友的故事。

那個時候的我是個內向的小孩，不懂社交也不懂人情禮節，於是就傻傻的站在那裡。

突然廚房裡走出了一個阿姨，她一眼就看到了我，於是滿面笑容向我走來，然後說了一句，你一定是餓壞了吧？

那個時候是冬天，天氣當中的濕冷有一種深入骨髓般的疼痛。

當時我剛開始發育，每天時時刻刻都是很餓很餓的狀態，加上學校餐廳的飯菜很清淡，要說從來就沒有吃飽的時候都不誇張。

我一直覺得那幾年自己的心跳都是很快的，因為要壓抑住低血糖帶來的眩暈感，我只能用意志力來控制我的專注力，讓自己可以認真學習。

於是這一刻聽到她說的這一句，你一定是餓壞了吧？我當時下意識條件反射，又開始心跳加速了，被她這一提醒，我覺得自己已經餓得在顫抖了。

女生向我介紹說，這是我嬸嬸。

我喊了一聲阿姨好，就再也不知道說什麼了。

02

那天下午，女生的嬸嬸煮了一鍋火鍋，其實算不上豐富，就是提前用骨頭熬了一鍋湯當成鍋底，肉類就是瘦肉片豬肝肥腸的之類，還有青菜，完全沒有後來我上大學吃火鍋看到的各種火鍋料。

那個午後窗外冷風呼嘯，我捧著一個碗，一直不好意思夾菜。

大叔開始問起我家裡的情況，我一一回答，漸漸的我心裡的緊張也慢慢鬆弛了下來。

於是我終於開始吃菜了，顧不上自己的狼狽相，夾起火鍋裡的肉片青菜就往嘴裡送，因為我真的太餓了。

直到我覺得自己有些微微滿足感的時候，我才意識到自己已經吃了三碗飯，還看到女生同學和她的叔叔嬸嬸都放下筷子不動了。

我意識到這頓飯到了尾聲，而後也才意識到這個過程裡我真的沒有說一句話。

整個屋裡安靜得有點尷尬，只是偶爾聽到這個嬸嬸說，孩子你慢慢來，不急啊！

那個時候的我也沒有意識到自己要說一句謝謝，雖然那一刻我心裡是萬分感激的，但是我終究沒有說出口。

這時候大叔突然問了我一句，你一定還沒吃飽吧？

我愣了一下。

咦？他是怎麼看出來的？

那個時候的我又哪裡知道，自己就是一個傻傻的孩子，所有的心事都寫在臉上了，更別說心裡的那一點點小心思了。

我害羞低下頭，可是卻很逞強的說，不不不，我吃飽了。

嬸嬸這時候突然想到了什麼，說今天多摘了些青菜回來，放到明天也不新鮮了，要不趁著今天煮火鍋都吃一吃吧。然後她進到廚房，拿出了滿滿兩大盆蔬菜！

就在我還在猶豫著不好意思的時候，大叔又放了一堆肉片到鍋裡，然後開始幫我涮青菜。這時候嬸嬸拿了一個湯勺過來，往鍋裡下了滿滿兩勺豬油。

對，就是那種凝固了如白巧克力一般的豬油。嬸嬸不停的攪拌著火鍋，嘴裡念著，火鍋燙青菜，一定要油水多才好吃嘛……

那一刻，我的身體很誠實的拿起了筷子，然後開始吃第二輪。他們都在一旁靜靜的看著我，也不說話。

03

我不記得那頓飯我最後吃了多久，但是我清楚的記得我把所有的肉跟青菜都吃光了。我甚至來不及去想那些本來是不是他們要留到第二天吃的食物，我滿腦子都是幸福的滿足感。

那是我進入國中以來吃得最好的一頓飯，甚至比在家裡還好。

那麼寒冷而饑餓的下午，週末時分住得離學校比較近的同學們都各自回家了，剩下我們這些家在偏僻小鎮的孩子。

教室裡，宿舍裡，學生餐廳裡，甚至是浴室的水，一切都是冰冷的。冰冷到孤獨。

這頓飯於我而言，堪比雪中送炭。

我現在已經不記得這個女生同學的名字了，只能依稀回憶起她的長相，齊瀏海，頭髮微黃，身材小胖，有些敦厚老實的感覺。她住在另外一個小鎮上，週末也會跟我一樣留在學校裡。可是她很害羞，平時在教室也很少跟我講話。

後來我問這個女生她的叔叔怎麼認識我，她回答說，是有一次她聽到我提起我爸的名字，然後回去問她這個就住在我們學校附近的叔叔，得知她叔叔跟我爸是戰友。

有一天她叔叔突然提到帶我去坐坐，於是就有了這麼一頓飯的故事。

現在回憶起來，我感覺一切都是在恍惚間發生的。

04

我去這個叔叔家裡吃飯的事情一直忘了跟我父母說，直到幾年後我突然想起這件小事說了一句，我爸還很驚訝：你還去過這個人家裡吃飯啊？我已經很多年都沒有見過他了。

那頓飯裡我唯一的記憶就是吃吃吃，我不停的在吃，我甚至連感謝也忘了說一句。

我也不記得這對夫妻的長相了，甚至不記得叔叔的姓氏，阿姨就更不用說了，連名字都沒跟我提。

他們都是很善良的人，小心翼翼的，輕聲細語的，他們也有些局促，我這樣一個陌生孩子走進他們那天下午的生活，僅僅是因為跟我的父親在當年是認識的，甚至說不上熟絡。

我很感激那天下午的那一頓飯，毫不誇張的說，我在後來的日子裡自己下廚，邀請同事朋友來家裡吃火鍋，我都會在中午就去菜市場買一根大骨，加上一些八角桂皮紅棗，外加一包藥膳包，慢慢熬一下午，熬出一鍋清香的湯底。

這一切的技巧，感覺，味道，美好心情，都源於那一頓飯的回憶。

我也一直覺得，我對於冬天火鍋裡下青菜熱愛到發狂這件事情，也是因為那個下午，滿滿一鍋豬油香潤裡，撈上一把半生不熟的青菜，爽脆清甜。

那一層層光滑發亮的油膩，在當時居然讓我有一種感恩戴德的幸福感。

也是這一頓飯，讓我第一次覺得，吃飯這件小事是件多麼溫暖的慰藉。

即使今天我有心情去嘗試各種美食，空閒的時候為自己做各種大餐，可是終究達不到那一次記憶裡對於食物滿足感以及幸福感的頂峰。

我告訴自己，那個時候的我是個窮學生，還沒有開始思考人生，所有的時光都被學習壓力、一些想不清楚的迷茫，以及我喜歡的那個男生為什麼不喜歡我這三件事情所充斥了。

而且重要的是，我現在不餓了，也不覺得寒冷了。

05

後來我國中畢業，考上市區的高中，而後是上大學，每次出發遠行的時候都會經過國中學校旁邊的那條高速公路。當年一堆黃土高坡的校園早就變得整潔乾淨了，至於學校附近的那一排泥瓦屋也早就拆遷了。

我終究沒有繼續跟那個女生同學保持聯絡，也沒有再聽說過她叔叔嬸嬸的事情，但是對於我自己而言，那個突然闖入我生命裡的一頓很好吃很好吃的午飯，卻是我終究無法說出一句感謝，而且可能是永遠補不上的遺憾了。

很多年以後我一直問自己，為什麼會把那個畫面記得那麼清楚，我能給自己的回答是，那個女生同學的嬸嬸戴著圍裙從廚房裡走出來，頭髮有些凌亂，手裡還抓著一把菜刀。

當她跟我說起那一句，你一定是餓壞了吧？

那一刻我突然發現，這句話也只有我媽會跟我這麼說了。

或許這份樸實的關懷，在我那個滿腹自尊心而又內向的年少歲月裡，是最打動我心的一句問候了。

千言萬語，也比不過這一句。

當你發現這個世上除了自己的父母之外，還有另外一個人也曾經考慮過你的自尊心，讀懂你內心的小糾結而又不讓你尷尬至極，這何嘗不是一種賺來的運氣呢？

寫到這一句，我的心裡又開始隱隱作痛了。

真想有一天我紅了，可以在網路上吼一句，會有人幫我找到這一對夫妻，然後上演綜藝節目裡千里尋人的劇情。那個時候我一定要大哭一場，不是因為感動，而是因為感恩，為這份小人物的偶遇而感恩。

06

這陣子因為出書的事情一直在忙碌，早上被一個讀者「狠狠的」

說了一頓，她說我太不愛惜自己的身體了，每天都熬夜到很晚，活該生病。念完了她又叮嚀我要注意飲食調節，一定要多喝水多喝水。

有些事情你不在乎，但是如果有一天你的身體負荷不了了，後悔都來不及了。她不停的轟炸留言，就像我媽一樣，不，比我媽還囉嗦。

這樣的留言其實不算多，平時私訊給我的人大部分的問題都是，你能不能週末也更新呢？你的文章很棒，或者是今天這一篇我不喜歡。當然也有很多人向我分享自己的人生經歷以及思考，這些都是讓我覺得自己極其有幸遇見的部分。

只有很少的人會說，你一定是很累了，你就不要回覆我了，你只要看到我有留言給你就好。

07

記得高三那一年，我身邊幾個朋友還很流行寫紙條。有一天晚上的自習課我太累於是睡著了，醒來的時候發現自習課已經快要結束了，我當時突然害怕得「哇！」的一聲就大哭起來。

身邊的同學都被嚇壞了，但是也不知道怎麼安慰我。準備大學考試的日子裡，分分秒秒的浪費，都覺得整個人生彷彿就要完了。

後來有個女生寫了一張紙條給我，在現在看來是雞湯經典，可是在那個網路還不發達，沒有手機的歲月裡，這幾句話著實讓我感動得哭了。

「大部分人只是關心你飛得高不高，是否會有人關心你飛得累不累？只要你的結果好他們就認可你，卻沒有人去問你在這個過程中付出了多少。人生的旅程不在乎目的地，而是沿途的風景。任何時候都是自己關心自己最重要，不要等待別人來關心你。」

看起來是不是很熟悉？是的，這就是網路上三不五時都會輪番出現的經典語錄。可是就是這些如今我偶爾覺得萬分矯情的句子，在那一天夜裡，把我弄哭到幾節自習課上都久久不能平靜。

其實這個女生就在隔壁班，我們因為分班於是高三分開了，每天還是會打照面甚至一起吃飯。可是即使這樣，對於這些真心話，我們還是願意慎重的寫在一張白紙上，折成一個漂亮的心形，然後鄭重的交給彼此。還要交代一句，你現在不要看，回去了再看哦！

多謝那些年的偶像劇，讓我們學會了這麼些幼稚而又小清新的玩法。

08

後來我跟這個女生分開了，我們各自在不同的城市裡生活工作，前年的時候我回老家看她，她懷孕在家裡當起了家庭主婦。

後來寶寶出生，有一天她突然問我，去香港的時候可不可以幫忙帶幾罐奶粉？

我說現在奶粉限購，一次只能帶兩罐，但是我可以多去幾趟。

於是我開始每週拖著行李箱過去，先排隊拿了奶粉，然後才安心買自己想買的東西。

後來她提了一句說在家裡很無聊，坐月子什麼都不能亂吃。於是我就去買了一堆進口無添加的零食寄給她，看看她喜歡哪一款，之後就買她比較喜歡的給她。

有時候跟我同行的同事會問我，你幫人家買奶粉不收代購費，還多買這些零食送她。而且一個寶寶每個月幾罐幾罐就消耗完了，你又得再幫她買，又重又占行李，為什麼要做這些吃力不討好的事情呢？

我終究沒有解釋出口，因為如果我說是因為很多年前的那一封信，我一定會被取笑。可是這對我而言，就是最重要的情誼，也是換來我的一份心甘情願的強大理由。

我是個玻璃心的人，受不了別人對我好，有時候別人的滴水之恩我總想著拚盡全力去報答。有時候我甚至詭異的覺得這就是我想努力變得更好的原因之一，因為這樣才能回報別人。

儘管在這些往事裡，那個故事的主人公或許早就忘了這些小細節，但是對我而言，忘不了就是忘不了。我可以有一千種方式去彌補我的這份感恩，他知不知道無所謂，重要的是，我做了。

你一定走了很遠的路——這篇文章的標題，來自一個叫做 Andy 的女生給我的一句評論，我當時心裡就想著，你居然知道這一刻我想要說的是什麼！

劉若英有一首歌叫〈光〉唱道，你來過一下子，我想念一輩子。

嗯，是這樣的。

只有很少的人會說，
你一定是很累了。

送給自己的情書

這條路一旦開啟了，就是一輩子的事情了。
幸運的是，這也正好是我喜歡的生活方式之一。

01

嗯，這個「自己」，說的不是我，而是你自己。

我慢慢說。

還是一個想當年的故事。

我的文科成績一向不錯，尤其是國文從小到大幾乎沒有特別認真讀。從國中開始我就幫班上的男同學寫情書。三五百字不等，價格是二十到四十元，基本上可以買好幾包小零食了。

我的客戶清一色都是成績很差，但是又很頑皮的男生，家裡經濟條件不錯，也捨得買布娃娃等各種禮物送給喜歡的女生，可是就是不會寫情書。

電視劇裡文謅謅的臺詞他們記不起來，而且一看就不是自己寫的，沒有誠意也無法打動女生，但要是紙上只寫一百次的「我喜歡你」也顯得太膚淺。

有一天我看到一個男生轉著筆，寫了一個女生的名字外加一個冒號，接下來就再也寫不下去了。

我在一旁看不下去了，於是拿過筆就開始幫這個男生打草稿：第一次見你的時候是開學那天，你穿一件白色T恤，還有一條淺藍的牛仔褲，對了T恤上有隻可愛的貓咪，後來我才知道你很喜歡小動物……

我繼續往下寫。

「你別看我平時什麼都不在意，但是我也有屬於自己真實的一面，只是在男生圈裡如果要不被欺負，就必須要跟他們一樣胡鬧。」

「我不能很直接的說我有多喜歡你，但是我記得每天早上做早操時你的柔弱背影，也記得你一汪清澈的眼神，還有你那隨風揚起的瀏海，空氣裡都有你的味道……」

沒花多長時間，情書就寫好了。

男生很高興，急忙把情書折起來要裝進信封裡。

我白了他一眼，你很笨欸，你要自己抄一遍。

男生很疑惑，為什麼？

我的字跡一看就是女生的，你拿著這封信給你喜歡的那個人，你覺得她會相信這是你寫的嗎？

可是重新抄一遍太麻煩了吧？

你還想不想追人家？

男生認輸，於是開始認真一字一字的把我的草稿重新抄寫一次。

落款的時候，男生要寫上自己的名字，我說不行，你得寫一個筆名。

為什麼？

這樣一是顯示你有文采，二是表現你的細心。你想想看，女生收到情書也會害怕被老師或者別的同學發現打小報告，所以你要寫一個筆名，就算出了問題只要不承認，彼此也都安全對吧？

男生開始像膜拜大神一樣的膜拜我。

然後他問，那我要取什麼筆名呢？

我想了一會，這個男生長得很高大，平時喜歡打籃球，愛穿一身灰黑的運動服。他的名字裡有個「逸」字，於是我幫他取了個筆名，叫做「鷹」。

霸氣威武，暗黑低調，一下就能聯想上是你對吧？

男生這個時候已經對我崇拜到不行了。

02

我幫男生把紙條折疊好，然後在晚自習結束回到宿舍的時候，悄悄的塞到他喜歡的那個女生的枕頭下。

忘了說了，我當時向這個男生收了二十元，包寫包傳情書。

可是那畢竟是我第一次做這種事，為了提高成功率，於是我另外替男生出了一個主意。我說你每天買一瓶知名品牌的葡萄汁，那個時候女生們很流行喝這個，但是有一點點貴，沒辦法常常買來喝。

我叮嚀男生，每天中午等大家都去吃午飯休息的時候，你就買一瓶葡萄汁放到這個女生的桌子上。要悄無聲息，記住要放在桌角上，看起來像是她自己買來喝的。

男生又疑惑了，可是這樣一來，別人不就不知道是我送的了？

幹嘛要別人知道？你只需要讓她一個人知道就好。給她足夠的耐心和空間，以及不能讓她出洋相覺得不好意思，要讓她慢慢感動，這裡的每一步都不能缺。

男生哦了一聲。

我心裡罵了一句，你這個大傻瓜，難怪你人傻錢多。

可是事實證明，錢多是對的。

女生終於被攻破拿下了。

忘了說，這個女生不僅是班花，也算得上是年級的級花了。個子高挑，皮膚吹彈可破，臉蛋比巴掌還小，重要的是有一頭烏黑的頭髮，吊帶牛仔褲牛仔裙每天輪著換。

重點是她的大眼睛真是比洋娃娃還惹人憐惜，最是回眸一笑百媚生，這一句用在她身上都不覺得誇張。

於是不到一個月的時間，男生送出了七封情書，外加二十八瓶葡萄汁，女生終於答應晚自習結束後跟他到操場上散步了。

03

經過這一件事之後，我的寫情書名聲就被傳開了。其他那些家裡有錢的貴公子們，都陸續來找我，請我幫忙寫情書給喜歡的女生。

我也夠爽快，一星期寫三四封，也不占用自己多少時間，通常都是一口氣寫完。

基本上這些同學「客戶」都是很滿意的，因為我寫的都是量身訂做的。我會根據他們喜歡的女生類型來變換不同的風格，比如可愛型的跟柔美型的，這兩個情書的表達語氣絕對是不一樣的。

我會結合這個女生平時的生活習慣，加上在宿舍裡發現她最近喜歡的某個娃娃某個明星或者某類東西，把這些資訊轉達給要追她的那個男生，要他們針對這些資訊買禮物。

這一連串的細節組合起來，基本上成功率是百分百。

04

我寫情書的事情最早是被我同桌發現的，有一天她問我，你是從哪裡想到這些肉麻但是又不噁心還挺優美的句子的，看偶像劇嗎？

我笑著回答，不是。

我補充說，還記得我幫那個誰誰誰寫的第一封情書嗎？「你那隨風揚起的瀏海，空氣裡都有你的味道」那一段，就是某個洗髮精的廣告詞。然後我在前面添一些後面補充幾句，把女生做過的一件小事放進去。

這樣她就絕對感覺在這個男生眼裡，「我是你心裡獨一無二的那一個」了嘛！

同桌似懂非懂的樣子，也就沒再追問了。

寫情書這件事情的最大好處，不光是我從這些男同學身上賺到了一些零用錢，更重要的是，我發現這件小事居然成了我擔任班長時管理這幫調皮同學的籌碼。

以前每到自習課的時候，這幾個搗蛋的男生永遠是不聽管教的，更別說每次收作業的時候總是一拖再拖，我要像個老媽子一樣不停催促他們。

可是情書事件後，一切都變了。這幾個調皮男同學每次對於我的要求都畢恭畢敬的，交作業也很準時，不管有沒有寫完，只要我一個眼神，他們覺得就應該配合我的工作，乖乖按時把本子交上來。

這種心照不宣的潛規則，讓我第一次有了一種黑道老大般的得意成就感。

05

寫情書的事件並沒有持續多久，甚至不到一個學期就結束了。

最終的原因，是因為我發現我喜歡的那個男生喜歡上了另外一個女生，他也寫情書給那個女生。更可惡的是那個男生本來文采就很好，他從來沒有求過我幫忙，每次都是洋洋灑灑直接把情書寫好，然後下課時間在走廊上假裝跟那個女生擦肩而過，情書就交到了她手裡。

嗯，她長得很漂亮，更重要的是，是個多才多藝的女同學。

人來人往的教室走廊裡，別人沒有發現他倆的交接，可是我看見了，每一次我都看見了。

我咬牙切齒，羞愧不已，可是也自卑難過。

我回去向那幫貴公子們宣布，以後再也不接寫情書的工作了。

幾個男生著急了，為什麼呀？是不是覺得價錢太低，我們可以多給啊。

加多少我都不寫了，我是個可憐兮兮沒人喜歡的女同學，憑什麼讓別的女生可以得到這麼多萬千寵愛？這對我來說是不公平的。

男生們再也不敢吭聲了。

也是從那一天開始，我買了人生中第一個本子給自己，然後開始了這些年的寫日記之旅。

06

前幾個月我收到一個邀約，是幫一個創業公司的女性 CEO 代寫一些文章，說白了是槍手。對方提出的那幾個主題也是關於女性的獨立價值觀，人生選擇，還有戀愛建議，以及處理工作與家庭的邏輯，這些也都是我可以駕馭的。

也就是說，單純從技術層面上而言，完成這個工作對我而言並不成問題。而且重要的是，他們開出的稿費很高，甚至比我寫雜誌專欄的稿費都還多。

其實那個時候我很需要這筆錢，又或者說我本來就缺錢，因為我一直在為年後想去大理長住幾個月存錢，所以我當時那一瞬間真是覺得太高興太激動了。

可是過了一夜之後，我還是婉拒了這個邀約。

當然，說不心疼，那是裝清高的屁話，我心裡還是有些小小的咬牙切齒的不捨的。但是過了幾天，加上我的價值觀使然，我也就清醒過來了。

如果是剛大學畢業的我，可以接到這些賺外快的工作，其實我是很樂意的，因為那個時候唯一的難題就是解決生存問題，我需要先在這個城市活下去。

可是如今的我還有一份工作，薪水不差，而且也已經簽了出書的合約，只是版稅還沒那麼快到手。總之就是，我已經開始有了一點選擇的餘地了。

我想了一下，要完成這個寫稿工作基本上要占據我很多時間，而且我是不能露出名字的。所有的成果都是為他人做嫁衣，就算寫得很好，宣傳上印的也是那位正能量的女性 CEO 的名字，一切與我無關。

從長遠來看，這份投入的報酬率是不值得的。

這對於我的個人品牌塑造，沒有任何一點幫助。我只是扮演了一個文字槍手，如同十多年前我為那些男同學寫的情書一樣。沒有人知道這是我的智慧以及努力。

記得第一次接到出版社合作出書的邀請時，我心裡其實沒有太激動，一方面可能早就在心理預設，這是我努力堅持而來順其自然的結果，另一方面是，我不知道出書的意義是什麼。

出版社的編輯說，你可以有一筆優厚的稿費啊，書賣好了你還會得到更多結算版稅。

也是，誰不愛錢呢？

可是除了錢呢？還有別的理由嗎？

他們說，有更多的人可以看到你的文字，分享你的故事，他們得到了鼓勵，也會有不同的價值觀邏輯思考啊！

我心裡又冒出一個聲音，這個理由還是不夠。

這時候坐在我身邊幫我審核合約的閨密L小姐突然說了一句，你這個笨蛋！你寫了這麼多年日記，一直吵著老了我們可以一起喝茶慢慢回味，戴上老花眼鏡念給孫子孫女們聽。

同樣的道理，你的這些思考跟碎碎念也會集中整理，以書籍的方式呈現出來，這不就是你一直想著的，怎麼保留每一段時光的感受的最好方式嗎？

有些人忘了就是忘了，有些回憶哪怕你再努力也會漸漸模糊，你說我們現在哪還記得自己五歲以前的事情？加上那個時候科技不發達，連照片也都沒留下多少。哪像現在社群網站上那些當了媽媽的，恨不得每天洗版發自己寶寶的照片，幾十張幾十張的輪番轟炸。這其實也是一份留給孩子長大以後的珍貴回憶。

同樣的道理，你老是說有些事情此情此景當下的感慨過了就沒有了，所以及時的記錄以及保存下來是多麼重要。那就當成這是你寫給自己的信，寫給每一個階段的自己，只是現在有幸可以集結出書。

所有的追究回歸到本意，以及你不好意思表達的私心，那就是這一本書，以及以後的每一本書，都是你自己給自己的禮物，對吧？

L小姐這一番機關槍的轟炸下來，我全都明白了。

對啊，這所有的一切，都是我寫給自己的情書啊！

我在每一個夜裡開著一盞燈，在鍵盤上敲出一個個字，彷彿我前面就坐著另外一個自己，她靜靜的坐在那裡不動，微笑看著我把自己所有的喜怒哀樂表達出來。如同焚香沐浴一般，給自己一個交代，也是為了安撫內心那個慌張的小孩。

即使這個過程這些文章得到了很多人的認同，但是回歸到最終的動力來源，這一切都是為了自己。因為如果不是這個理由，我根本沒有辦法拿出意志力來激勵自己，說是要給別人一個交代，或者要完成今天這一篇稿子好可以換錢。

一切的一切，如果不是跟隨我心，那麼這份堅持也無法長久，更無法保持熱情。

07

昨天有個女生問我，你最喜歡的是劉若英的那一首〈後來〉嗎？我說不是，我最喜歡的是那一首〈給十五歲的自己〉。

我喜歡這一首穿越時空，回到過去安撫那個年少自己的畫面，「知道嗎我總是惦記，十五歲不快樂的你，我多想把哭泣的你摟進我懷裡。」

歌裡還唱到，那一年最難的習題，也不過短短的幾行筆記，現在我卻總愛回憶，回憶當時不服輸的你。

人生一場，雖說終歸塵歸塵土歸土，但是**每一個你，總是要為自己留下點什麼的。這才不辜負自己來這世上一場不是嗎？**

這大半年的時間，我遇到了很多以前的生活圈跟磁場裡不曾遇見的人，不小心就完成了好些看起來可能三十歲以後才能完成的事情。

如果可以，我也想穿越回那個當年幫別人寫情書的年代，然後告訴那一刻的自己，你一定無法想像，未來還可以多精彩過癮。

給自己的情書，這條路一旦開啟了，就是一輩子的事情了。幸運的是，這也正好是我喜歡的生活方式之一。

一切的一切，如果不是跟隨我心，
那麼這份堅持也無法長久，
更無法保持熱情。

我來過這個世界，
參與過喜怒哀樂

我來過這個世界，
這其中的喜怒哀樂，
我都要參與過才是。

01

週六晚上我用叫車 App 叫了車，至於司機，我叫他L先生好了。

很訝異的是，上車後L先生開口的第一句話是說，「我最近剛開始當職業駕駛，我的目的不是賺錢。」

「嗯，我知道，很多大老闆來開車也不是為了賺錢，而是為了尋找有意思的人，然後招攬過來成為自己的員工。」

我想都沒想，就這麼回答了。

結果L先生說，還真不是。

那是為什麼呢？

我有個大學同學生病了，是肺癌晚期，她叫簡 XX。這幾天每上來一個乘客，我就希望他們能夠幫忙為我的同學祈福。對了，你也能幫我的同學祈福嗎？

呃……哦，當然可以。

瞬間冒出這麼一個關於生老病死的話題，我一下子還是無法適應。就在我覺得氣氛有點尷尬的時候，倒是L先生打開了話匣子。

他問，你怎麼知道有些人兼差開車就是為了專門招攬人才的呢？不過我覺得這個方式也很有趣，這樣找到的人很精準，而且也很好玩。

我回答說，因為我公司的老闆也經常兼差開車，每天就在科技園區轉來轉去，遇到的都是在那一區上班的乘客。要是遇到合適的產品經理或者工程師，就直接加好友然後各種搭訕聊天，就把人家挖過來了。

我繼續說。

但就是因為這樣，我有時候都不敢叫車，因為擔心萬一不小心是我老闆接的單要怎麼辦？我要是晚上加班回去遇到，說不定還能讓他留下一個為公司盡心盡力的好印象，但要是萬一哪天我有急事要提早離開公司，結果來的是我老闆的車，那就尷尬了。

L先生說，你怕什麼？你是按規矩叫車，他按規矩接單，在這個情況下就是一場你情我願的買賣關係。再說，平時上班都是你聽老闆的指揮，可是這個時候你老闆就要聽你的指揮了，你不覺得很爽嗎？

對哦！我怎麼沒想到這一點？要真是這樣的話這個場景該是得多詭異啊！啊哈哈……

這一輪對話下來，車裡的氣氛終於沒有那麼尷尬了。

02

順著聊起網路的工作，於是我了解了L先生的情況。

L先生自己就是大老闆，幾個大城市都有自己的公司，他同時也是投資人，在醫療行業、智能硬體、電商等這些領域的投資效益目前都不錯。

關於行業的請教，我把自己想要了解的部分全部都問了一輪，L先生也算是個熱情的人，居然都願意為我解答。

我們說回了那位得了癌症的簡小姐的事情。簡小姐兩年前檢查得了肺癌，之後一直都在醫院治療。

L先生說，我們一開始不知道這個事情，因為她從來不願意跟別人說，直到這陣子家裡的壓力已經承受不住了，才把自己的難處說了出來。很多大學同學都去看她，但是我因為手上的工作太多了，一直抽不出時間去探病，但是我也先轉了一筆錢給她。

上星期我跟幾個同事吃飯，有人提到他們業餘時間都在兼差開車，這樣賺點油資，也可以認識一些有趣的陌生人。於是我突然意識到，我是不是也可以做這件事，除了在精神上給我的同學提供幫助，我還可以蒐集更多人的祝福，然後把這些能量轉達給我的同學。因為此時此刻，她太需要這個了！

我的工作很忙也需要出差，以前也沒有了解過兼差開車這一塊，可是我還是花了一些時間請我的同事教我，然後我自己註冊申請、上傳資料、通過申請，最後成為職業駕駛。要是以前我肯定沒有耐心處理這些小事情，可是這一次卻是我自己心甘情願去做這件事情。

因為簡小姐患病的事情，他開始重新和以前的大學同學聯絡，告訴大家這件事情，然後號召大家給簡小姐一些幫助，不管是金錢還是精神上的。

他說簡小姐從一開始得知自己病情的震驚、頹廢到現在的看開，以及決定要堅持努力的活一天是一天，除了家人的鼓勵之外，也有身邊朋友甚至是你這樣的陌生人的鼓勵。

一個人要願意走下去不是一件難事，但是要找到支撐自己的那股力量與信仰。我現在要做的，就是要告訴她，這個世上還是有很多好心的善良之人，這個世界還是有很多的美好，我需要傳達這些概念給她，讓她能自己堅強下去。

他說在這個資訊溝通無阻礙的環境裡，最大的好處就是，真的有很多其他同學跟陌生人每天轉帳給他，他每過幾天就把到手的所有捐款全部轉給簡小姐。

得知自己同學的病情是在兩週前，就是感恩節那一天。從那以後的每一天，L先生都在盡心盡力為自己的同學奔波募款以及蒐集祈福。

03

我們的對話差不多就到這裡了，因為我快要到家了。

L先生說了一句，我到現在還沒吃晚飯，太餓了。

我說那等等我下車了，你就趕緊解決晚飯去吧！

嗯，我得趕回家去吃晚飯，我的兩個寶貝還在等著我，我要回去陪他們一會。

這一刻我突然覺得，這個前一秒還在跟我探討商業模式、投資報酬率專心致志的男人，這一秒提起自己的家人，也開始變得溫柔而接近真實的模樣。

也是，我們努力奮鬥賺錢，為的不就是這一份柴米油鹽的真實生活本身嗎？

下車那一瞬間，L先生說，我這大半輩子的時間裡，從來不曾像今天這樣，覺得自己的每一天都如此感恩。

那天夜裡我回到家裡，一直在思考幾個問題。

如果萬一有一天我也得了重病，會有這樣的同學為我奔波嗎？因為站在僅僅是同學的角度來說，L先生所做的一切完全超出了他應該要做的部分，他為簡小姐的雪中送炭太值得我們佩服。

我想到自己身邊幾個為數不多的死黨好友，生活裡遇到的難題我都可以向他們求助，可是要是真的到了這種如此極端的情況，我還真的不敢保證，他們是否也會像L先生這樣盡心盡力的幫助。

我並不是要說人都是自私的，我想要說的是，**每個人都在努力的生活，我們能做的也只是綿薄之力。**

我開始工作以來也遇過有校友得了白血病，收到號召募款的資訊後，我也願意透過捐錢給校友會表達關懷。

可是我能做到的，也僅僅是兩三千元的力量了，我自己也是個剛畢業的上班族，況且我沒有那麼多的人脈資源可用。每次發生這種事情，我覺得自己唯一能做的，竟然就是無能為力這個詞。

我只能祈福，希望天下都能好人一生平安，希望每個家庭都能圓圓滿滿，希望世界和平充滿愛……可是一旦這個畫面打開了，我內心的悲觀主義就又冒出來了。

眾生皆苦，且讓我們努力的活下去吧。

04

於是就延伸到了第二件事，那就是我開始再一次深刻反思自己努力生活的意義。

其實這應該不僅僅是一種從解決生存問題到實現財務自由，也不只是以自己喜歡的方式過一生，而不受太多他人他物干擾的過程。這裡還有另外一層意義就是，我希望自己可以有能力讓我身邊的人過得更好，我希望自己可以有幫助別人的本錢。

這一切不是為了證明我有多了不起多厲害，而是為了讓我在感受生活美好的本身之外，也可以在一些人生意外到來的時候，有一份不至於太過於崩潰害怕的情緒。而能夠抵禦這份情緒的最大藥方，就是錢、信仰、感知幸福，以及願意活下去的勇氣。

這些元素，缺一不可。

我來過這個世界，這其中的喜怒哀樂，我都要參與過才是。

劉若英唱過一句，「誰說人生是公平的？它才不管我們想要怎樣。」

我之前曾經提過，我存了一筆錢給我爸媽在老家買了一塊地，建了一棟小閣樓。就在前幾天，我媽打電話給我，說你還記得那個把地賣給我們的遠房表叔嗎？

我說我記得啊。

他上週死了，肝癌晚期。

我在電話裡驚訝了好一陣子，直到我媽繼續說，這也是沒辦法的事，表叔家開了一家酒店，為了跟客人迎來送往搞好關係，免不了一天幾頓都是酒，時間久了病根早就落下了。

於是我問，那他們家好幾棟別墅，那麼大一盤生意，怎麼辦呢？

還能怎麼辦？孩子有能力接得下來就接，接不了就轉讓了。辛苦了一輩子，還沒來得及享清福。你表叔比我還年輕，你知道嗎？

我媽電話裡直嘆氣。

我一向不愛看悲傷的負能量故事，尤其是每天網路上層出不窮的新聞，我都會選擇性的過濾掉它們。可是我也明白，這個世事無常的世界裡，我們都避免不了生老病死這個議題。

我也更加明白，這個世上沒有比身邊親人的離去會更讓你感受到真實的疼痛，這份疼痛，也絕對不是你說自己改變一下心態就可以調適好的。

總之因為真實，所以殘忍。

無能為力之後，我唯一能夠說服自己的是，如果我們無法預知自己人生這一場的結局，那至少要盡力讓它無愧於心才好。當然了，要是能夠多一些精彩，那就最好不過了。

我們永遠都要相信，自己來到這個世界不是沒有意義，畢竟，我們做過的事情也都會留在人心裡，也會因為被回憶而更顯珍惜。

#無能為力之後，我唯一能夠說服自己的是，

如果我們無法預知自己人生這一場的結局，

那至少要盡力讓它無愧於心才好。

當然了，要是能夠多一些精彩，

那就最好不過了。

不要在二、三十歲的時候死去

這個世界上從來就沒有
另外一個人可以替你感同身受，
所以也無法有人代替你成長。

01

我想到自己的父母、家裡的長輩，他們總是見縫插針的在向我們灌輸他們曾經過往的故事，以及他們眼中的價值觀。

的確有些傳承的東西是對的，比如說真善美，比如說勤勞致富，比如說不能違背法律做壞事。

可是也有一些是落後而不堪的，比如希望你嫁個有錢人，而且僅僅有錢就夠了；又比如說希望你安安分分做一份工作，要是公家單位就更好。

他們走過的路，希望你也能走一遍，畢竟那樣很安全，至少不會出事。

我曾經很認真的思考過這一點，想弄清楚這到底是為什麼。

一是我覺得對長輩而言，他們這幾十年來所經歷過的生活是真實的，於是他們理所當然的認為這個世界本來就是這個樣子。

只是他們不知道的是，如今社會的節奏已經不像以前那樣了，人們的資訊接收時間之快速、管道之多，這些都發生了翻天覆地的變化。

他們可以不理解，可以不接受，可是他們阻礙不了這件事情的發生。

二是我覺得在某種程度上也是基於長輩的價值觀使然，他們覺得對於兒女，從孩子出生到照顧他們直至自己離去為止，這是前世換來的一場債，他們需要去償還。

既然這樣，他們勢必希望你能夠安安穩穩的過此一生，這樣他們也算體面一場，老了名節還在。

這就是為什麼我們周圍會有長輩因為自己的孩子離開一份安穩的工作、因為自己的孩子年過三十還沒結婚、有兒女因為不幸福而離婚這些事情而覺得丟臉，甚至更進一步，到了一種尊嚴被侮辱的程度。

他們不是沒想過要讓孩子真心快樂為主，而是對他們來說，大層面的世俗幸福對於他們而言才是最重要的部分，也是他們一輩子要捍衛的主題。

至於孩子是否真的快樂，對於他們而言，他們覺得你應該快樂，那就夠了。

02

我寫這些，完全不是忤逆長輩的意思，而是我總覺得有些長輩的倚老賣老，在某些環境跟程度上是一件很悲哀的事情。

我一直有一個觀念，一個人的成熟跟他的實際年齡沒有多大關係，而是取決於他的心理年齡。

有段時間關於老年人假車禍詐騙的新聞鬧得很大，有人說我們見到的老年壞人，並不是因為他們因為老了才變壞，而是因為壞孩子變老罷了。

我不知道自己是從什麼時候開始質疑權威的，包括老師、長輩、還有年紀比我大一些的哥哥姐姐，甚至是我的父母。

但是我知道，當我從他們身上找尋不到我所思考問題的答案時，我就要開始反省一下，他們告訴我的那些人生建議有多少是對的，而又有多少是聽一聽也就算了。

比如父母說你要早點結婚生孩子，而且不要只生一個，恨不得你多生幾個。可是面對實際情況，遇見一個對的人所要經歷的試錯成本、養育一個孩子需要的精力跟經濟能力，他們並不負責解決這些難題。

他們就如同一個蹩腳的編劇，寫了一個順風順水的開頭，然後發現這個過程有很多問題，他們乾脆就不繼續寫了。

他們把筆一收，以為故事可以戛然而止，可是這場戲當中的主人公，他們的兒女已經走上了一條不歸路，這條路並不是刀山火海，但有時候比刀山火海還可怕。

這並不是我誇飾，而是生活裡你我遇到的「以愛之名」而綁架你的所謂過來人。

03

我曾經告訴過一些人，我出書最重要的初心之一，是想留下一些實在的東西給我將來的孩子。我希望那些我迷茫很久之後摸索出來的道理可以讓他們知道，如果有這麼一個方式讓他們讀到我的所思所想，這也不失為一種另類的教育方式。

也有人留言說，你不要那麼早就下定論說你是對的。可是對我而言，「等你結婚了就知道了」還有「等你有孩子就知道了」這般言論綁架，我從來都不想在意。

我從來沒有說過我所說的一切都是對的，但是我所想的一定是最適合我自己的。**這個世界上從來就沒有另外一個人可以替你感同身受，所以也無法有人代替你成長。**

我所要表達的是，如果有一天我的兒女長大了，我最想告訴他的是，我知道自己在老去，但是我希望你明白，我從來沒想過束縛你，你可以去嘗試你想要的一切。

如果我能給予你一些幫助就最好，但是如果我的能力有限，那我表示抱歉，但是你一定要知道，我從來沒想過要阻撓你。我無法給你很強的助力，但是至少我可以讓自己不要成為你的負擔，僅此而已。

04

「不要在二、三十歲的時候死去。」——這句話不是我說的，是法國文學家羅曼．羅蘭說的。

這段話的全文是：

「大部分人在二、三十歲上就死去了，因為過了這個年齡，他們只是自己的影子，此後的餘生則是在模仿自己中度過，日復一日，更機械，更裝腔作勢的重複他們在有生之年的所作所為，所思所想，所愛所恨。」

以前我覺得這個說法，是為了激勵我們要保持一顆跳躍靈動的心，要保有對美好生活的嚮往與樂趣。

可是如今我卻多了一層理解，不要在後半輩子模仿自己而過，不僅僅可以讓自己樂活，更可以讓自己的兒女樂活，也能讓身邊的人樂活。

你無法想像一個把自己生活過好的人可以給身邊的人多少幫助，就如同你要感激如果能夠遇見一個把自己生活過出味道的人，就算你只是跟他說幾句話，你也會變得積極向上。

以前我總是會抱怨自己為什麼會受到那麼多的束縛，後來我明白了這是我自己的問題，我不願意走出這個圈子，於是我總是困在這個天地裡，被我不喜歡的負能量影響，我心裡雖然委屈難受卻無能為力。

後來我才明白我要做的事情，不是去跟他們辯解，更不是去說服他們接受自己或者明白自己，我要做的是要離開他們，遠離這個圈子。

這個世界上總有人過著我想要的生活，我要做的事情就是去尋找這樣的人，看看我要完成哪些事項才可以靠近他，剩下的事情就是腳踏實地步步為營就好。

這個世界一直都是平衡的，總有人要渾渾噩噩的過生活，也總有人拚盡全力也過上自己想要的生活，這些人都沒有對錯的評判標準之分，而你所要做的事情就是區分清楚，哪一種人是你所嚮往以及你可以盡力靠近的。

我所強調的，**不是不切實際的飛蛾撲火，而是往看得見的光亮去努力**，不要忘了這個重點。

因為沒有人會為你的選擇負責，所以你得衡量這其中的代價你是否能夠承擔，亦或者還是乖乖回到父母的懷裡，過著雖然不高興但是還算很舒服的生活，這都取決於你自己。

05

昨天我在社群專頁上問大家，想知道對你而言，今年意味著什麼？其中一句回答我很喜歡——重新開始而又失去的一年。

我向來不喜歡什麼逆轉勝苦盡甘來的起伏故事，我總覺得**每一年我**

們總有些進步，每一年也失去一些本就不屬於自己的部分，這就如同有些動物每到一定季節就要換一層新皮，雖然有些疼痛，但是也算是長大了。

畢竟不是所有人都有鳳凰涅槃、浴火重生的機運與能力，而且這樣的大火淬煉疼痛，又有幾人願意經歷承受呢？

不要在二、三十歲的時候，讓自己的靈魂死去。

至於他們怎樣，那些別人怎樣，都跟我沒有關係。自私不是為了躲避責任，因為你本來就沒有那樣的責任，而是躲開那些與你不同路的人，僅此而已。

想用崔健的歌〈花房姑娘〉收尾：「我獨自走過你身旁，並沒有話要對你講。」

這一切都是為了講給我自己聽，如果有一個人聽懂了，那我很感激才是。

每一年我們總有些進步，

每一年也失去一些本就不屬於自己的部分，

就如同有些動物

每到一定季節就要換一層新皮，

雖然有些疼痛，但是也算是長大了。

起風了

在職場裡那些讓你出糗的事情其實算不上大事，
或許你心裡很在意的那根魚刺，
在別人眼裡就是瞬間而過的事情，
根本不會有人記得。
如果你自己太在意太耿耿於懷，
那反而會徒增你在職場裡的自卑感。

01

大學畢業那一年，決定我定居在這個南方城市的原因不是因為工作，不是因為愛情，而是因為我很怕冷。這是一個很牽強的理由，可是如果用「找一份喜歡的工作跟找一個自己喜歡的人，這樣你上班的八小時是快樂的，下班後的八小時也是快樂的」這個理由套到我的這個選擇上，那也不算是無理取鬧了。

任何一個選擇，只要說服自己，那就不算妥協。

我很怕冷，稍微有一點氣溫變化，我的身體反應就很明顯，最直接的就是指甲會變成紫色，我總是要先確保自己是暖的，否則這種感覺比餓肚子還難受。

大學畢業第一年，來到這個南方的城市工作，九月的時候我就穿長袖到辦公室了，不是那種漂亮的外套，而是真的保暖的風格，辦公室同事笑了我半天，然後告訴我，小姐，這裡的冬天很晚才來，你不要這麼急著把全身裹得緊緊的吧？

大汗淋漓的我很尷尬，低頭不語。

被同事取笑過後，我就長見識了，我再也沒有在這個城市買過冬裝，我把買衣服的定位都集中在夏裝跟秋裝上了，而且我開始知道除了大衣之外，穿在裡面的衣服也不能太醜，因為畢竟到了辦公室會把外套脫下來，要是裡面的衣服太隨便那也不大好。

這些小細節，我自己也從糗態百出慢慢過渡到了從容不迫。

如今那個同事早就不記得這個小插曲了，可是我卻很感激她這個善意的小玩笑。

02

做電影企劃的第一年，輪到我為部門同事舉辦電影分享會，我比較喜歡懸疑劇，但是我的電影知識不多，所以很勉強找了一些電影網站上推薦的經典電影整理起來。

這其中就有提姆．羅斯主演的《黑色追緝令》，影片由六個彼此獨立而又緊密相連的故事所構成，六個故事都各自講述了一個不同的事件，但卻都有著共同的戲劇屬性將它們緊密相連。

因為這個分享會是臨時交辦給我的，那天我整理要分享的簡報檔案到凌晨四點，很多影片都是匆匆找出來的，而且當時我住在很遠的郊區，睡了兩個小時就起床趕去上班了。

分享到電影《黑色追緝令》的時候，我開始說劇情，我說尼可拉斯．凱吉飾演一名盜賊，他跟他的女朋友在早餐時突發奇想決定搶劫正在營業的餐館和裡面的眾多顧客，並立即拔槍開始行動……

這時候會議室裡有個同事突然說了一句，這不是提姆．羅斯嗎？怎麼變成尼可拉斯了？

她這一問，就把我問住了。

睡了兩個小時的我那一刻還是處於昏迷狀態中，我還沒有意識到是自己出錯了，於是我趕緊敷衍的說，哦，反正他表演的就是開場的第一個故事，巴拉巴拉……

我不知道我最後是怎麼結束這場分享會的，我唯一的體會就是，那是我第一次覺得進入職場上班是這麼累的一件事。

直到第二天我的狀態恢復了，我才反應過來，我居然犯了這麼低級的一個錯誤！我居然把提姆．羅斯認成了尼可拉斯．凱吉！然後我回想起被同事提出質疑的瞬間，羞愧到恨不得馬上就離開這個公司，不讓他們再看到我！

如果是別人也就算了，可是身為一個電影企劃，我居然連這張演員的臉都認錯，我居然不知道《黑色追緝令》是大導演昆汀跟提姆的第二次合作了，我看過電影《海上鋼琴師》，我追了那麼讓人入迷的美劇《Lie To Me》，我根本就應該要認得這個演員啊！

我是個擅長把恐懼放大的人，那一天我坐立不安，開始回想前一天分享會上有沒有同事有詭異或者鄙視無言的表情，觀察周圍現在有沒有人在取笑我，我開始擔心主管會不會因為這個低級錯誤而找我談話……

這種不安一直糾纏著我，而且是很長一段時間。

03

大約過了半年以後，我跟一個同事吃飯，因為關係已經比較好了，於是我問起她，你還記得我當時做得第一次電影分享會的情形嗎？我當時睏得不行，根本就沒有意識到我自己……

還沒等我開始解釋，同事低頭回答一句，每週一次分享會，每週一次例會，每週五一份工作總結，開不完的會激盪不完的腦力，應付不完的上司還有客戶，誰記得你那天做了什麼啊？

我愣住了。

同事以為是她說話太重了，於是趕忙道歉。

這一刻我心裡的感受是，我終於可以好好的鬆一口氣了。

後來的日子，我把提姆．羅斯和尼可拉斯．凱吉這兩人演過的電影都看了一遍，不是為了惡補本職工作的知識，而是開始慢慢喜歡上這兩個經典的演員。

而且不經意的是，我就是從這件小事開始，養成了因為一部電影喜歡上一個演員，然後會把這個演員演過的所有電影全部看過一遍的習慣，順便也開始了解相關的電影拍攝花絮跟有趣的故事。

直到現在，這個習慣讓我學會從一個小的切入點開始抽絲剝繭，把能串聯起來的知識拼接起來，劈哩啪啦東扯西扯也能說一大堆，只要沒有人喊停，我是可以繼續說下去的，當然這也是在我高興的前提下。

這兩次的「被取笑」事件之後，我開始明白，在職場裡那些讓你出糗的事情其實算不上大事，**或許你心裡很在意的那根魚刺，在別人眼裡就是瞬間而過的事情，根本不會有人記得。**如果你自己太在意太耿耿於懷，那反而會徒增你在職場裡的自卑感。

我開始明白這是職場的第一課，**更重要的是我要記著這些小錯誤，在後來的日子慢慢累積經驗，不要再重複一樣的錯誤就好**，至於那些我本來就不懂的，那就儘管去問去學就好了，與其放很多心思在追悔過去錯誤的痛苦上，還不如往前走這一步。

從這點來說，職場的冷漠也不見得是一件壞事，我們容易接受新的東西，更容易忘記昨天發生的那件小事，無論是隔壁誰走路的時候摔跤了，誰跟男友剛分手在廁所哭了，誰在茶水間抱怨主管被聽見了……

呵呵一笑，不過莞爾。

04

我在社群專頁上說開始降溫了，有人留言說北方早就入冬了，身為一個摩羯，冬天對我來說是最舒服，也是最有安全感的季節，有一種進入了自家地盤的自信感，所以也會讓我比夏天更有規劃去安排自己的生活。

沒辦法，我就是一個心隨季節變化的膚淺鬼，可是我就是很喜歡南方的冬日，暖得剛剛好，有時候覺得，其實這種剛剛好並不是因為天氣，或許我心態的從容程度占了更大的因素。

被宮崎駿自已稱為收山之作的動畫《風起》裡有一句，**再沒有什麼比幸福的回憶更妨礙幸福的了。**

冬天是適合回憶的季節，我喜歡回想過去，但也更期待當下以及明天的生活，因為還未發生，所以總有期待與渴望，以及很多驚喜吧。

起風了，唯有努力生存。

再沒有什麼比幸福的回憶
更妨礙幸福的了。
——宮崎駿《風起》

旅行可以窮遊，
人生千萬不要窮遊

如果一個人一直過著窮遊的人生，
即使家財萬貫，可是表面刻意維持的貧寒狀態，
時間久了也會讓一個人
真的就慢慢演變成了窮酸的模樣，
這種習慣和想法維持久了，
就會變成性格，改不了的本性。

01

這已經是我媽替隔壁李阿姨的兒子介紹的第九個女孩了。

我媽不算是個熱愛幫人湊對的歐巴桑，可是拗不過李阿姨每天的嘮叨，菜園裡、菜市場裡、晚飯後散步，甚至是路上偶遇，每一個時候，李阿姨都在見縫插針的向我媽求助。

這些年介紹過的女孩，每次被我媽帶到李阿姨家，半天之後總是小心翼翼就離開，然後過來向我媽說，阿姨，我下次就不來了。

為什麼呢？我媽問。

也沒什麼，就是覺得不合適。

我媽解釋，感情培養是需要時間的，不然你再多過來幾次，年輕人嘛，要對自己有耐心呀……

這些女孩總是靦腆一笑，然後就離去了。

我媽也是個喜歡把責任往自己身上攬的人，於是向李阿姨道歉：我之前跟這些女孩說了很多你們家的好話，可是我也不知道為什麼這些女孩總是沒有下文了……

李阿姨這時候總會安慰我媽，沒關係沒關係，可是你記得要繼續幫我物色牽線啊！

李阿姨著急是有道理的，她唯一的兒子三十幾歲了，鄰居家其他那些同輩甚至是後輩，生的孩子都已經上小學三四年級了。唯有李阿姨家的兒子依舊單身。其實如果是在大城市裡，這個年紀不算誇張，可是在這個小鎮上，用李阿姨自己的話來說，那真是有點沒面子了。

02

我把李阿姨的兒子稱作C哥哥吧，C哥哥身高中等，五官也算不錯，可是就是容易害羞，不太會說話，一群人一起聊天的時候，他總是被開玩笑的那一個。說得好聽他就是個老實人，說得難聽就是他有點傻乎乎的。

但我還是滿喜歡C哥哥的，因為他很樸實，也經常到我家幫忙，過年過節或者其他需要人手幫忙的時候，他也願意到我家出一份力，而且從來不會有任何要求，有時候不吃晚飯就回去了。

李阿姨和她的先生跟我的爸媽當年是同事，我們兩家算是交情很好。李阿姨的先生還是個工匠，每年秋收的時候他就會到很遠的山上採些菅芒花回來，曬乾了把花粉拍抖掉，然後紮成一把把掃帚，拿到市集上去賣。

小的時候，李阿姨的先生每年都會去砍一些竹子回來，裁成竹篾，幫我編成一個個大大小小的籃子，這也算是我童年裡最喜歡的禮物了。因為這些竹籃被我用來裝各種小東西，玩扮家家酒的時候也會收到其他小朋友萬分羨慕的眼神，這應該是我童年裡最美好的回憶之一了。

後來年紀漸長，我離開家鄉上學，每年回家看見李阿姨一家人的時間也很少，但是依舊會有往來。

直到這一次連假我回家，我媽跟我說了C哥哥相親的事情，我總是在關心身邊朋友的戀愛婚姻事情，但是卻不曾想過自己的鄰居其實就在經歷著這場無奈的故事。

李阿姨家的條件很好，至少在我們那個小鎮上來說，有一棟小透天，夫妻倆省吃儉用，李阿姨的先生這些年連抽菸都漸漸戒掉了。至於他們的兒子C哥哥則是在高中畢業後就到了他爸媽的單位上班了，也從來沒見過他像其他的大哥哥一樣，喜歡半夜騎著摩托車去KTV或者吃燒烤什麼的。

總之他們一家人給我的印象，就是很善良的一家人，尤其是李阿姨自己就是個不喜歡嚼舌根或者八卦的長輩，這一個難得的特質，就已經是我最喜歡的老家長輩標準了。

03

我向我媽打聽這些年來介紹給C哥哥的女孩，基本上也一樣是學歷不高，外貌不錯，但是家裡條件不好，甚至很窮的女孩。

有一年中秋前一天，我媽請遠房親戚帶了一個白白淨淨的女孩過來，她家非常偏僻，加上父母常年生病，還有兩個弟弟要上學，家庭負擔很重。

我媽知道這件事以後，就說把這個女孩介紹給C哥哥也好，如果女孩不算挑剔，加上李阿姨一家的條件很不錯，她應該是願意考慮一下的。

詭異的是，因為家裡很遠，一開始女孩是答應在李阿姨家裡住一晚再回家的，可是那天下午相親過後，女孩就說要直接回家，我媽也過去勸了幾次，可是女孩就是不願意，非要連夜趕回家，於是大家只能妥協了。

幾天後女孩托人來回話，拒絕了這一門親事，即使家裡這麼窮，可是依舊不願意將就。

我媽嘆了一口氣，安慰著李阿姨。

這是這些年九個女孩中比較極端的一個例子，因為以前那些女孩通常都會客客氣氣的拒絕，而這個女孩原本也跟我媽說，如果覺得對方家裡還不錯，她願意嫁過去，這樣家裡的窘境至少能改善一些。

可是這個看起來很有把握的機會，居然還是無疾而終了。

04

我決定親自去李阿姨家看看。

李阿姨家雖然離我們家很近，可是這些年來我從來沒有去過他們家，主要是因為我很宅，是宅到那種從第一天回家，到去上學、去工作離開家，鄰居也不知道我有回來過老家的程度，有些新來的鄰居甚至不知道我媽有一個女兒；另外是因為C哥哥也喜歡主動往我們家跑，所以我也沒想過到他家去串門子。

我跟著我媽去了李阿姨家，然後我覺得實在是太令人驚訝了。

如果不是我親眼所見，我也無法編造出這樣一個彷彿穿越回到幾十年前物質水準超級落後的場景。

李阿姨家的家從外面看很大氣，四層半的透天，即使沒有富麗堂皇的瓷磚，但是也刷了一層乾淨的白漆，所以整體看起來也算是我們這個小鎮上的大戶人家了。

可是走進屋內的時候，那就是另外一番場景了。

屋裡黑漆漆的一片，因為牆面沒有油漆，所以即使是在白天也感覺光線很差，我問能不能打開燈，李阿姨把燈開了，居然是那種很暗很暗的小夜燈，連燈管或者燈泡也沒有。

我看了一下客廳，除了一張是十幾年前的木沙發，跟幾張木凳子，也都是那種磨得光亮看得出年代很久的樣子，還有一台電視，嗯，是一台黑白電視，小小的方塊放在用幾片木板支起來的架子上，遠遠看還以為是一臺老式舊電腦。

我繼續往裡面走，廚房裡除了木製的碗櫃跟一個鍋子，連冰箱也沒有，我問李阿姨，難道你們家不需要放點剩菜或者水果之類的嗎？

李阿姨笑著跟我說，我們從來沒有剩菜，也很少買水果。

我開始往樓上走，經過李阿姨的同意，我進去C哥哥的房間看了一下，除了一張木板床，一張木桌子，就什麼都沒有了。

我一路往三、四樓走，結果發現都是空空的房間，連一張床都沒有，我很訝異，於是問李阿姨，你們家這麼多房間，要是都能擺設裝潢好，這樣有客人朋友來，住起來也比較方便不是嗎？

李阿姨說，我們家很少親戚過來，逢年過節的時候有客人來了，我們再把木床的架子裝好就行，客人走了我就把床收起來，平時沒有人睡，太多灰塵了，也是浪費。

我不知道怎麼接話了。

參觀完這棟透天，我心裡的感覺就是壓抑，一種說不上來的壓抑。

05

離開李阿姨家，我跟我媽說，李阿姨家不缺錢啊，為什麼不願意把他們那棟外觀看起來很漂亮的透天別墅裝修一下呢？

我媽一邊挑菜一邊說，你以為李阿姨他們家有這麼一棟大房子是白來的啊？

他們那台黑白電視從來沒有開過，他們父子二人每天就到我們家看電視，李阿姨就去散步或者種菜。

至於三餐飲食，我一年三百六十五天，看見李阿姨買肉的日子不超過十次，他們家最常做的一道菜就是豆腐，買三塊回來煎了或者煮湯，另外再炒一個鹹菜能下飯，這十幾年都是這麼過來的。

他們家晚上從不開燈。

我問，那黑漆漆的怎麼過？

點煤油燈啊！就是那種過年我們家守歲的時候，會點兩盞用來祈福的煤油燈。

我恍然大悟，難怪剛剛在李阿姨家聞到了一股汽油般的味道，原來是煤油。

我媽繼續說，那個之前住得很偏僻來相親的女孩，後來有一次遇到我，說起之前相親的事，她說在李阿姨家待了一下午就待不下去了，她知道男方家經濟條件不錯，也知道老人家喜歡節省，但是到這麼誇張的程度，她無法想像自己真的嫁過去了，對自己家裡的困境能幫上多少忙？

我媽安慰她說，李阿姨有說，如果女孩願意嫁給他兒子，那麼家裡的上上下下都會重新裝修一遍，把所有最好的名牌傢俱都買回來，至於他們的婚房想布置成什麼樣子，也都由女孩來決定，他們會負責所有的開銷費用。

女孩搖了搖頭，然後說，我接受他們家如此有心，但是人的習慣是很難改的，他們家再有錢，但是時時刻刻都是一副窮酸樣，這種住著透天別墅，但是過著災荒時期的日子太可怕了。

我的家裡很窮很窮，可是我們全家人依舊會把自己整理得乾乾淨淨，可是李阿姨跟他的老公穿的衣服全都是補丁，你可以想像嗎？後來我看到他們家兒子的衣服竟然也都是破破爛爛的，問他們為什麼，他們說等穿爛了再縫縫補補就好，她兒子說：「我可以五年不買一件衣服，但是我會給你一切想要的。」

這種節省到極致的生活狀態，這樣一個把自己弄成乞丐也要成全我的體面的關懷，這門親事，這種家庭我寧可不要。

06

我媽聽完這一番話，去找李阿姨，建議她先把自己家裡裝潢布置得好一些，李阿姨很迷惑：我都還沒找到兒媳婦，為什麼要浪費錢？

我媽回答，捨不得付出就沒有收穫啊！而且現在也不需要你們付出多少代價，簡單裝修對你們來說根本就沒有任何負擔吧？

我媽想到了什麼，就加了一句，有女孩來相親的時候，你們還是換一套不破爛的衣服吧，這年頭沒有必要一件衣服穿到爛了才扔，第一次見面，做點表面功夫是必不可少的。

李阿姨回答說，不行，我要把錢省下來，萬一我兒子真找不到老婆怎麼辦？還是要把錢留給他的下半生吧。

我媽無話可說。

晚上我媽跟我說家裡開銷的事，說這一年第三季剛過完，家裡紅白喜事送出去的紅包又是一筆大錢，我突然問了一句，李阿姨家有去喝過其他親戚的喜酒嗎？

幾乎沒有，所以他們家也很少有親戚過來。

果然如此。

我不知道怎麼闡述我自己的心情，只是對李阿姨一家覺得有些惋惜，還有更多的無奈。

比起李阿姨一家，我的父母跟他們一樣，年輕的時候是苦過來的，所以也會勤儉持家量入為出，但是在基本的物質生活上，倒是從來沒有虧待過孩子，至於上學讀書的一切開銷也從來都不會遲疑。我們家雖然過得清貧，但是好歹也算是溫暖的走過來了。

這些年我試著建議我爸媽放鬆一點過生活，然後準備存錢帶他們去旅行，雖然每次放假我都會提大包小包的東西回家，他們總會說我浪費錢，可是他們依舊是開心的。

一家人在貧窮的時候一起度過，環境慢慢變好的時候也開始學會享受，我們不是富貴人家，不懂得大手筆的消費是什麼概念。那些我知道的家庭環境還不錯的親戚們也是一樣過著樸實的生活，所以我覺得**駕馭好當下的生活，才是正確的過日子的方式。**

可是我這一次看到李阿姨家裡的情況，再去了解他們家的價值觀，雖然我沒資格去批評他們這樣的節省就是不好的摳門，可是這樣窮盡一生把錢緊抓在手裡，為自己的兒子存了很大一筆錢，當成娶老婆的本，結果到頭來就是這般節省，一次次的把相親對象嚇跑，也難免讓人唏噓。

這個例子的前提，是李阿姨家的經濟條件是很不錯的，所以我不希望別人把那種貧窮人家的消費觀點綁架到我說的這件事上，用一個流行的詞來形容，李阿姨一家人都在窮遊生活當中。

雖然說窮遊也算是一種流行的旅行方式，但是我覺得不會有多少經濟狀況還可以的人會為了體驗人生，刻意把自己逼上一條窮遊的道路，而且即使有，這種體驗也是僅止於一兩次的探尋驚喜，絕對不是一個人去旅行的常態方式。

可是放到生活中，如果一個人一直過著窮遊的人生，我覺得即使他家財萬貫，可是表面刻意維持的貧寒狀態，時間久了也會讓一個人真的就慢慢演變成了窮酸的模樣，這種習慣和想法維持久了，就會變成性格，改不了的本性。

會有人說，可是有很多隱形富豪也是很低調的啊？

但我說的，不過是我家鄉小鎮上最普通的一個小康家庭的案例。他們根本算不上富豪之家，也不會有那些心思把吃苦當作一種修行，同時還能保持出世的、獨立的、強大的價值觀。

再說了，隱形富豪們那些修行，其實叫做低調的奢華。

而我的故事裡，不過就是最平凡的一家人，最平常不過的相親故事。

07

連假結束，我離家前叮嚀我媽，李阿姨如果再請你幫忙介紹相親對象，你就不要輕易答應了，這個人情不要也罷，而且你要知道，有些事情不是你盡力了就可以的。

我媽點點頭。

我不知道後面的故事會怎樣，說不定會有女孩真的喜歡李阿姨一家的習慣，然後嫁給了C哥哥。李阿姨也把他們家裝修得豪華閃亮，接下來他們過著幸福安穩的日子也有可能。

我只是擔心，他們家裝上的那些璀璨的吊燈，那些漂亮的家用電器，會不會也只是僅僅是個擺放在那裡的裝飾品，然後到了夜裡，李阿姨依舊拿出那盞煤油燈，點上燈，屋裡散發著熟悉的煤油味。

她走上樓叮囑自己的兒媳，電視不要看太晚了，耗電。

駕馭好當下的生活，

才是正確的過日子的方式。

人生最大的不冒險，
就是學會冒險

你不知道的那些事，不代表別人不知道，
你沒有的那些本領，並不代表別人沒有，
你所沒有思考過的價值觀，
不代表不存在於世上。

01

我是一個很焦慮的人，長久以來我一直覺得這是我的一個性格缺陷，雖然在人前我都是一副很淡定的模樣，生活中很少事情會讓我崩潰或者聲嘶力竭。

回憶裡最近唯一的一次抓狂是幾年前，我去戶政機關辦理戶口相關的手續，一堆文件上蓋章之後，還要再去第二個地方辦理另一個證明，然後再去第三個單位再辦最後的證明，三個單位都在不同的地方，距離很遠。

我是個剛出社會的菜鳥，加上因為在大公司任職，請假的事情遠遠不像我現在所處的情況那麼簡單。我拿著假單一間間的敲主管的辦公室，簽字批准，然後換來一個下午的時間趕去辦理。

戶政機關人山人海，因為正是畢業生剛畢業的高峰季節，大廳裡全是清一色跟我一樣同齡的人，工作人員或許是有些疲倦了，於是不願意回答任何問題，只是讓我們自己去摸索，我跟幾個新同事各自在不同的窗口排隊，這個等待過程之長，一直持續了三個小時。

蓋好章之後，我們馬不停蹄的坐公車趕到第二個地方，想趕在他們下班之前把手續辦完。

拿了號碼牌在大廳裡焦急的等待，不時的探頭看看手續辦理櫃檯的情況，終於輪到我的時候，已經接近六點下班的時間了，工作人員已經開始不耐煩，我給了她一個笑臉，她開始機械化的幫我整理檔案。

翻到最後一張紙的時候，她說了一句，啊，你這個沒辦法辦喔，少蓋了一個章呢！

我訝異，於是問身邊的幾個同事，他們都已經辦好在一旁等我了。

果然，我成了那個唯一的倒楣鬼，第一個戶政機關的工作人員漏蓋了一個章。

於是我向眼前這個工作人員求情，各種好話說盡，大概的意思是今天幫我先把手續辦好，我改天再去補這個蓋章。

她不為所動，一副準備收拾東西準備下班的樣子，我開始心急，於是說了一句，你們就不能通情達理一點嗎？

她冷冷的回應了我一句，我是按規定辦理。

那一刻我之前給她笑臉的好心情全部都沒有了，一想到我又得再一次回到上一個戶政機關，重點是公司請假那個程序真是艱難，我不知道什麼時候才能爭取到休假半天的機會……我開始覺得煩躁，居然大聲爭執了起來。

結果可想而知，我這麼一個不擅長吵架的人，第一句話還沒說完自己的眼淚就出來了，我大口喘氣，加上心急，實在是沒有辦法表達出順暢的語句，倒是我眼前的這個公務員，開始很溜的說出一堆抱怨的話：你說我不近人情，但我就是公事公辦，我忙了一整天，又有誰體諒過我的感受呢？你們每個人都說我們的動作太慢，但我就是慢慢來又怎麼樣？要是出錯了你要替我負責嗎……

到了最後，她居然說了一句，我們鐵飯碗的就是有這個好處，你也羨慕不來啊！

我不知道她是故意這麼說，還是只是習慣性的強調那一句，在那一刻，我的心理防線瞬間就崩潰了，我坐在櫃檯前面開始放聲大哭。所有的同事都慌了，於是過來安慰我，說改天再跑幾趟吧，就當自認倒楣了。

02

現在回想起來，我已經可以細細的分析自己當時的心境。

我剛來到這個陌生的城市，每一步都覺得被生活處處為難，這次的偶然事件發生在我身上，而我的同事們都一切順利，這種對比的自尊心放大了這一次的難受。

二是我太在乎自己的第一份工作，我希望讓主管留下好印象，我不想三天兩頭請假，一想到還要回去跟主管打交道，我的頭就十二分大，這種抗拒也增加了我的不安。

三是我真的是被這個公務員的那一句「鐵飯碗」刺激到了，我跟我的父母有過無數艱難的爭執跟溝通，才勉強換來他們不再逼我回老家考公務員鐵飯碗這一點點讓步。可是我剛剛來到這個我以為自己可以混出一番天地的城市裡，居然還是敗給了別人的鐵飯碗，這不是天大的諷刺嗎？

這些不友好的因素，全部積聚在一起了，終於壓抑不住自己。

如今我可以淡定的告訴自己一句，那個公務員根本就沒有錯，她沒有義務了解當下那一刻我的處境。她只是完成了自己的基本工作，至於她後面的那堆抱怨，如果不是我自己的求情不成引發的不愉快，或許根本就沒有這些話出現。

我從一開始的大哭到慢慢抽泣，終究停不下來，當我因為前面這幾個原因對自己自怨自艾的時候，我突然想起我身邊這一群新同事也都是不熟悉的人，這一次讓他們看到了我如此狼狽不堪的一面，即使我再怎麼解釋我自己不是這樣的人，可是印象就是這樣了。

我給他們的印象，就是一個情緒不穩定，不夠禮貌待人，心理素質如此之差的人，未來的職場生活裡，我還怎麼混下去？

一想到這一點，我的委屈全部變成了慌張，頭腦一片空白。

03

我已經不記得後面的橋段了，或許是太過於羞愧，我的記憶裡選擇性的遺忘了這小段後續，我只知道那段時間裡我依舊馬不停蹄的奔跑於好幾個相關單位之間，辦理各種手續。

後來的日子裡，我努力扭轉自己在那幾個新同事眼裡的印象，直到後來我們慢慢熟悉成為很好的朋友，聊起這件小事的時候，他們說都已經忘記了，而那個時候的我也已經在工作上慢慢顯現出成熟的一面，於是這個插曲就過去了。

這件事情過後，我開始思考，什麼時候我也能在一定程度上掌控自己的時間，比如遇到緊急情況的時候，可以在工作日的時候也能短暫的離開一陣子？

我想到的答案是，**我得變成說話有分量的人才行。**

雖然那個時候我還不知道有分量是一個什麼概念，但是我意識到公司每次開大型會議，業務部門的同事都是最自由的，所有人都需要等他們入席才可以開始，還有內容中心的主管也是很有分量的，因為對於我們這麼一個內容製作公司而言，那個位置上的人有時候公司的老闆還要給他們幾分面子看。

我開始明白，因為他們很厲害，所以很有分量；因為有分量，所以有話語權；因為有話語權，所以他們相對可以掌握自己的職場節奏，比如有些只是走走形式的無聊活動他們說拒絕就拒絕，比如有些彙報表格的工作他們說沒必要填寫就不寫了。

那個時候我已經知道，**自由的定義，在某種程度上不是可以做自己想做的事，而是可以不做自己不想做的事。**

我就像是美劇《廣告狂人》裡第一年入職場的佩奇一樣，坐在座位上默默打字，心裡卻是無比羨慕遠處那些左手雪茄右手威士忌，談笑風生的文案撰寫者，他們是這個公司裡最受尊敬的角色。

04

我的故事裡沒有勵志逆襲的部分，有的只是點點滴滴的很不起眼的累積。我慢慢成為主管認可的下屬，開始處理一些比較有價值的工作，後來我有了實習生，很多工作有人幫忙分擔，有時候因為有事情離開公司半天，也不需要向別人報備，因為我可以光明正大的說我去見客戶了，我去確認原物料安排的事了。

有時候我也會偷懶，趁著離開公司辦事的時候先犒賞自己一份下午茶，躺在此刻不再人群擁擠的咖啡廳，悠哉的享受著片刻的午後時光，偶爾想起自己的職場第一年，因為需要休假半天而難免要在意主管臉色的日子，那種不安已經離我很久了。

當然我也知道，這份愜意也是我自己用心工作換來的，我努力完成我的工作任務，因為跟同事們相處融洽，最後我所在的部門慢慢的被我帶成一個零食工廠，我的主管每次都很無奈的警告我，你們好吃好玩自己開心就好，那麼高調其他部門會有意見的，我還得幫你們把風真是夠了！

這就是我第一份工作遇到的主管，他把我慢慢從一個很容易慌張的女生，硬生生的磨成了一個老油條，可是依舊會很寬容的包容我的任性，當然也不是毫無下限的任性，我自己心裡還是有一把尺的。

重要的是，我學會了把握我這個標準，於是我也為自己這份工作爭取到了最大限度的自由。

那個時候我就已經明白，只要你慢慢作出成績，讓自己變成一個至少看起來是能做事情的人，那麼很多時候那些枝微末節，以及你不夠完美的那些小缺陷，也都可以大概忽略掉了。

05

在給我的留言裡，很多正值畢業或者剛剛畢業的孩子會問我，據說今年是就業寒冬，工作職缺很少，我該怎麼辦呢？

雖然看新聞的時候我也喜歡了解大形勢，可是關於這種個人的具體問題，我總是想回問一句，新聞說就業難，可是這跟你個人有什麼關係呢？還是有其他很多人找到了工作，那為什麼你就不可以呢？

細細想來，我們從在娘胎那一刻開始就要跟眾多同類受精卵競爭，我們成為最成熟的那一顆，然後經過孕育，呱呱落地。接著在我們在自己成長的日子裡，經歷各種天災，生活裡每天上演人禍，我們在一年比一年糟糕的氣候環境跟食物環境裡成長。可是如今到了自己該為自己負責的選擇關口，居然才開始第一次嘆息社會如此艱難，是不是太後知後覺了一點？

有一個女生留言給我，說自己面試的公司都要求必須會做簡報還有使用WORD等辦公軟體，但問題是在學校的時候從來沒有人教過我啊！我覺得自己什麼也不會，什麼也不知道，所以找工作很困難，我覺得生活太不公平了。

我曾經說過一句，很多時候正是這種不公平，才是我喜歡這個世界的原因。

有人說不明白我的意思，其實很簡單，你不知道的那些事，不代表別人不知道，你沒有的那些本領，並不代表別人沒有，你所沒有思考過的價值觀，不代表不存在於世上。

就是這種差異化，造成了每個人去學習、去探索、去追求的方向跟步伐不一樣，於是才有了最後每個人的路都不同，命運也不同的結局。

對，**就是我們經常看起來的不公平，才是成人世界裡的公平。**

這個世界上，多的是你不知道的事，如果把這種「從來沒有人告訴我」的怨念放在自己所遇到的生活難題裡，那你可能一輩子都陷入在「這個世界怎麼會是這個樣子的？」的糾結思考中，你不願意認清生活的真相，所以也就無法撥開迷霧找到一條康莊大道。

06

從小到大，我們都是在被威脅和欺騙中長大的。

小時候被大人警告，如果不好好學習，以後就要回鄉下當農夫；長大一點被老師要求不能談戀愛，因為會影響你的前途；後來每天喊著要考上好大學，老師安慰我們說，只要上了大學就會什麼都有了。

到了大學，老師從來就不會告訴你要提前規劃自己的職業之路，他們也不給任何建議。那些我們早就應該學會的小事，比如如何寫好一封郵件，如何正確的打一通電話，如何在大學這最寶貴的時光裡提高自己的情商……他們從來不會告訴你。

我們吐血完成的論文，我們經歷的大大小小的實習，在走出校園之後，如果沒有找到跟就讀科系相關的工作，那無疑對於剛畢業的我們而言是最沉重的一擊。

更可怕的是，剛畢業的你，你的爸媽你的遠近親戚就幫你貼上標籤，你年紀不小了，你要開始結婚生子孕育下一代了，然後在這個環境中教育你的孩子，你啊！一定要好好念書，不然以後是不會有出息的……

如此重複。

難道我們歷經千辛萬苦，就是為了還沒有喘息片刻，就要馬上進入下一個傳承人類後代的光榮任務中嗎？

問題是我找誰結婚呢？問題是我用什麼方法賺錢工作養活自己呢？或者來到大一點的問題，我想要的人生的快樂以及意義所在，這些又從何處來呢？

這些問題從四面八方冒出來的時候，對了，他們就躲起來了，然後告訴你，要怎麼做是你的事，你給我一個結果就行。

這一刻，你都想罵人了。

07

是的，我們成長過程裡的每一個前輩，他們在各自的區域裡完成自己的任務，但不會授予你其他多餘的知識。所有過來人的分工都是清晰而又清楚區隔的，沒有合理的銜接。我們像是一個陀螺，從這一山轉到那一山，可是終究不明白這趟登山的意義是什麼？我又能得到什麼？

其實對付這個殘忍真相的最好方式，就是從心理上明白這是個不可逆轉的局勢，我們能夠做的，只能從自己下手。我們比別人快一步發現自己的問題，縮短用來抱怨的時間，提高自己面對緊急狀況的速度，然後從更多的人、更多的經歷當中累積經驗，把這一條路串起來之後，基本上就可以甩開很多人一大截了。

只要甩開很多人一大截，你就可以不用擔心那些時代大趨勢的問題。就業問題越來越多，剩女的年紀越來越大，單身光棍也越來越多，這些問題對於你這個單一個體而言是不成問題的，新聞裡如何闡述這些冷冰冰的恐怖資料，對你而言也沒有慌張的必要。

用自己的本領去選擇就業，用自己的本事去談戀愛，地球照樣轉起來，說得冷漠一點，即使總有失敗者存在，但是至少你在這個大環境裡，確保自己不是最底層的食物鏈，這一點就很了不起了，而這也才是奮鬥的意義所在。

至於每年新聞裡都會冒出來的，國考最熱門的競爭職缺，以及考研究所最熱門的科別，又或者是大學考試最熱門的科系，實際面來說，不管這個行業的整體趨勢怎麼樣，不管這個科系以後能不能賺錢，這些根本不能代表、也更不能決定你個人的未來。

我一向喜歡從大格局看問題，可是要討論實際面的話，卻終究是自己身體力行的選擇跟努力使然。我從來不會因為自己沒有當公務員就去否定這個鐵飯碗的好處，我也不會因為自己在互聯網行業工作就否定傳統行業一定會沒落，我也不會做白日夢要是自己當年選擇了金融業，說不定賺的錢比現在更多。

我從來不去為不存在的假設做判斷，更不會沉浸於這種虛幻的妄想中。

那些你認為最重要的東西，你最在意的人生事項排列，在別人的評價標準裡或許就是相反的。

反之亦然。

08

美劇《傲骨賢妻》當中，調查員羅賓無意中聽到因為公司資金短缺需要裁員，可能自己會被選中，她哭著去求前同事凱琳達幫她說說好話，爭取一個前公司的職缺。

凱琳達沒有答應她，只是告訴她，這件事情沒有人可以幫助你，因為只有你自己可以證明自己的能力，你的無可取代才是你存活的不二法門。

生活裡的大道理，沒有人有義務告訴你，只是你要明白，不要輕易選擇舒適的那條路。我是個信命的人，我總覺得這個平衡的輪迴世界裡，你不願去面對的部分，未來的日子裡，總有一天它會過來向你討債。

面對命運這件事，我們可能有很多無能為力的地方，但是至少我們得讓自己保持可以隨時應對生活大部分的不穩定狀態，只要你讓自己慢慢強大到可以在一定程度上不被生活所威脅，或許你就可以對生活少一點抱怨，多一些熱愛了。

村上春樹說，我們的正常之處，就在於自己懂得自己的不正常。

嗯，**人生最大的不冒險，就是要學會冒險，而且習慣冒險。**

自由的定義，

在某種程度上不是可以做自己想做的事，

而是可以不做自己不想做的事。

我們天生都愛美

這一切都是因為倖存者偏差的錯覺，
讓你以為整型過後的結果
都是鋪滿讚美跟鮮花的康莊大道，
可是一份工作要長久，
絕對不僅僅是一張臉可以維持的，
而一個女人如果僅僅憑藉後天的外貌嫁入好人家，
那麼她所要承受的那份
在後來的日子裡不斷自我修補的擔憂，
也不是你能體會的。

01

有個女生問我關於整型的話題。

這個女生還在上大學，身邊都是漂亮的女生，自己卻很不起眼；而且她覺得接下來要開始準備找工作，外表也是很重要的一項指標，加上醫美診所的廣告說學生有優惠價，所以心裡一直癢癢的。

在回答這個問題之前，我想插個題外話。

在社群網站上我也追蹤了很多時尚 KOL，無論是時尚雜誌的官方社群專頁，亦或者是很時髦的一些時尚 KOL 經營的社群專頁。我幾乎每天都會打開這些文章看一眼，這些文章看下來無非就是告訴你今年最時髦的穿著搭配，最時髦的鞋子以及包包，還有各路達人總結出來的保養心得。

說實話我很喜歡看這些，但是我從來不會衝動下單。

一來金錢有限，我還不至於有那種可以買買買的能力，二來你發現他們的推薦都是總結案例型的，也就是說這其中可能根本就沒有符合你的參考範本，如果你僅僅因為看到模特兒的整體打扮很漂亮，然後幻想自己也可以這麼美，那這種心態跟網拍過於修飾的照片沒有多大差別。

所以，對於任何時尚KOL的推薦，我在其中得到的最大收穫就是薰陶到了自己的審美觀，然後把學到的小技巧聰明的用在自己身上，以及大概知道自己想要的保養品的使用方式，僅此而已。

按常理來說，我一定是這些KOL最不喜歡的粉絲，學到了知識，但是不願意掏一分錢，但是畢竟如我這樣的人很少，我身邊很多女生朋友每次看到時尚KOL推薦的東西，都會把所有的清單寫下來然後一次購入。但是時尚KOL的文章每天都會更新，你能確保自己可以一直買下去嗎？

如果遇到我自己喜歡的品牌，或者我最近想入手的東西，這些時尚

KOL剛好也在做活動，我就會買單，因為這符合我自己的消費觀。

很多人被動購買自己的所需，而我不是。

02

回到這個女生問我的問題，關於整型的事情其實不是我擅長的領域，但是我還是想用這個話題，回想一下我對變美這件事情的些許記憶。

我應該是小學三、四年級開始在意外表的，那個時候班上如果有女生長得漂亮，加上如果成績還不錯的話，那一定就是最受老師寵愛的。而一旦有了外界的鼓勵，加上自己也開始有了輸贏心，再說小學的考試本來就不難學，這個時候只要女生稍微認真一點，那麼她必定就是別人家口中那個又美又厲害的女孩。

所謂良性循環，不過如此。

那個時候的我並不漂亮，最多只是可愛，藝文表演我永遠不是最出色的那一個，但是好歹也入得了老師的法眼當個配角。於是也就波瀾不驚，不鹹不淡過了這麼些年。

到了國中，我開始長痘痘，那個時候我請我媽幫我買洗面乳。剛開始那幾天覺得很有用，後來回想那大概也就是心理作用罷了，因為一個星期後，我的痘痘繼續以野火燒不盡的姿態蔓延在我臉上的每一寸皮膚上。

我心裡很憂愁，大顆大顆呼之欲出的膿瘡散布在我的下巴、我的額頭，還有鼻樑上，那個時候不懂事，總是不停的用手指擠痘痘，有時候皮膚弄得紅一片紫一片，可是終究沒有用，剛癟下去的那顆痘印還沒有消失，新的痘痘又冒起來了。

我變得不敢抬頭走路，甚至開始討厭照鏡子，那個時候我一年四季都是油光滿面，買回來的吸油面紙根本不管用，我有時洩氣了，於是拿一張紙巾從臉上抹一輪，媽呀，瞬間紙巾就被浸透了。

我變得自卑，讀書也開始沒那麼用心，因為雙手總是下意識的往臉上摳，那張坑坑窪窪的臉，每晚出現在我的睡夢裡，輾轉反側。

有一天回家，我跟我媽說想換洗面乳的事，那個時候我媽已經幫我換了好幾種洗面乳了，可是一直沒有什麼效果。我媽告訴我，她年輕的時候比我還誇張，整張臉被她用手擠痘痘都擠得熟透了，那個時候哪有什麼洗面乳，她的臉上甚至不停的流著膿水……

聽到這個描述，我被嚇到了，我無法想像那是一個多麼可怕的畫面，因為我覺得自己所能承受的這張痘痘的醜臉已經到極限了。

我媽說，可能你不愛聽，但我們家的女人，我跟你幾個阿姨，還有外婆以前年輕的時候，都是容易長痘痘的人，我們的荷爾蒙分泌可能就是比較多一些，這也是你的青春期必定要經歷的階段。

於是我問，可是為什麼其他的女同學的皮膚就那麼乾淨？

我媽說，可能這就是命吧！

我心如死灰，但是我媽又補充了一句，這個階段很快就會過去的，你要相信我。

我問，要持續多久？

我媽回答，這個我不能確定，但是我可以告訴你的是，你不可能一輩子都這樣的，這一點我絕對可以保證。

後來的幾年，從國中到高中，因為已經意識到自己不好看，於是反而把精力放在了認真讀書上，這一關也就過去了。

03

然後到了第二關。

我在高中的時候發育得很快，胸部變得很大，我一個一百六十四公分高的女生，托著一個D罩杯的身體，加上那個時候不懂得怎麼挑內衣，於是每天走路都是一坨一坨左右搖擺。

直到今天我身邊還有很多人說我得了便宜還賣乖，說你們這些有胸的人不知道我們平胸界的苦難，我從來也不反駁，因為我後來知道，胸大胸小這件事情，就跟「得不到的就是最好的」一樣，這也跟家家有本難念的經一樣，各有罩杯，冷暖自知。

可是那個時候不一樣，我身邊都是那些沈佳宜*一般小清新的女同學，穿著露出肚臍眼小蠻腰的T恤，外加緊身牛仔褲，她們呼吸的每一口空氣裡都洋溢著青春的靈動氣息，那個時候的我只能在遠處遠遠的望著她們，心想著那應該是我永遠都不會有的經歷。

身體這個東西，有時候就是不公平的，青春期的女孩，老天爺就是會讓一些女生長得瘦長，怎麼吃也長不胖，而會讓另外一部分女生任意的在這該有的年級裡，釋放自己的膨脹脂肪。

這個時候跟老天爺的賞飯有關，跟你有沒有自控力無關。

上體育課的時候，我永遠不喜歡跑步，因為胸前的兩坨肉太難受了，雖然有時候我用意志力拚了命的堅持，可是最後才跑了兩圈操場，就幾乎已經處於殘廢的邊緣。

後來有男生開始取笑我，或者也說不上取笑，只是總會關注你，然後竊竊私語，但是我知道這種關注，絕對不是因為長得好看這件事，這是我絕對可以明白的事。

後來我就討厭跑步了，我集中精力在做仰臥起坐和其他項目，來彌補我的跑步成績。

*沈佳宜：電影《那些年，我們一起追的女孩》當中的女主角。

之前看辯論型綜藝節目《奇葩說》，柏邦妮說起自己害怕跑步的過往，因為自己的肥胖而被嘲笑，在她年少無知的那個歲月裡，沒有人開導她這件事情，於是這也成了她一輩子的心理陰影，即使到現在她也不敢參加任何的戶外跑步活動，就算是在健身房，也要確保當場只有自己一個人。這是她再也抹不去的陰影。

那個時候，大胸部對我而言就是煩惱，時時刻刻都感覺被異樣目光關注，甚至自己晚上回宿舍洗內衣的時候，洗著洗著就哭了，我討厭這種有些羞愧甚至有些骯髒的感覺，它無時無刻不在提醒著我自己很丟臉這件事情。

因為這件看似微小可是對我來說困擾到不行的事情，我又開始失眠。

04

壓抑了兩年以後，我開始向我媽發脾氣，有一次過年的時候我不再大口吃肉，吃青菜的時候也自己用一碗水把油過了一遍，可是要知道天底下最不嫌棄你胖的那個人就叫你媽，她不停的夾菜給我，終於我生氣了，扔下筷子躲進房間裡。

那天夜裡，應該是我媽第一次跟我談起學校的事情，她很少關心我在學校的具體生活，只要確保你衣食無憂就好了。

她問我是不是有什麼心事，我回答說，我很討厭這樣的自己。

我媽不明白，她也不可能明白。

後來我不再願意傾訴心事，我直接跟我媽說，我覺得自己胸部太大了，不好看，這種不好看已經要了我的命，我要你帶我去醫院動手術。

動手術？

嗯，我看過一些報導，說是有縮胸手術，把脂肪抽出來。

我媽很震驚，說你怎麼會莫名其妙想到這些無聊的事情？

我突然委屈大哭，這件事情不無聊！它已經影響到我生活裡的每一刻了，我都不想活在這個世界上了！

現在想起來，那一份委屈的哭泣，在忙碌奔波於生活的大人眼裡，可能真的就是一件不起眼的事情，可是在我那個年紀那個處境裡，那絕對就是天大的事。

那一夜的對話，不歡而散，也沒有任何結果。

後來的日子裡，我鬱鬱寡歡，終於有一天週末回家，我媽把我帶到房間裡，告訴我，我們家的女人，一向就不是嬌小玲瓏型的，你遺傳了我的大部分特徵，我沒有辦法把你生得像其他家的可愛女生那樣，這是我無能為力的事情。

我低頭，默不作聲。

我媽繼續說，我跟你商量一件事情，你暫時不要去想縮胸手術的事情，等你到了二十五歲以後，如果那個時候你還存在這樣的想法，那我一定二話不說絕對會出這個錢，讓你去動手術，但是在此之前，我希望你能尊重我控制你身體的權利，總有一天你會知道我這個決定是對的。

我畢竟還是個聽話的孩子，所以也就默許了這個約定。

05

後來的日子，我依舊過得鬱鬱寡歡，因為隨著進入大學就讀，身邊漂亮的女生更多，而那個時候我還是一個胖子，我嘗試過無數的方法減肥，可是終究痛苦不堪。

這些年跌跌撞撞也就過來了，其中不快樂的記憶其實倒是沒有多少清晰的印象了，又或許是我刻意把這些不快樂過濾掉了。

如今我過了二十五歲，想起我媽當年的那個承諾，我真是感激萬分，因為後來的日子我自己開始調理身體，控制飲食，加上自己心態越來越成熟，於是也漸漸告別了很胖這件事情。

自己也學會了挑選合適自己的衣服，搭配的時候盡量避免看起來胸太大這件事，而且要是現在別人再笑我你這個大胸妹，我總會回一句，你笑，你愛笑就笑，反正你沒有。

我已經學會分析和歸納這些種種，也學會了從內到外把自己的劣勢變成優點，因為我知道這本身也是生存於世的邏輯，心態最重要。

06

說起整型這件事，我印象最深刻的是一部韓國電影《醜女大翻身》（200 Pounds Beauty），女主角有著驚人的唱歌天賦，可是因為長得太胖太醜，一直以來只能在幕後替別人配音，後來她鼓足勇氣整型，變成了一個大美女，最後也收獲了自己的愛情。

電影裡有個場景是女主角過馬路的時候，前後兩次撞上了同一個司機，在她還是個胖子的時候，司機破口大罵說盡難聽之語，任憑女生幾番道歉也於事無補，可是等到後來她變成大美女再一次撞上這位司機的時候，她只需要眼噙淚水，有些小委屈而又嬌嗔的微微一笑，瞬間就鎮住了司機大哥。

當年看這部電影的時候，我真心感慨，這個世界，只要你變好看，你做什麼都是對的，太不公平了。

可是其實當年我上大學的時候，身邊幾乎沒有什麼整型的風氣，那個時候還沒有智慧型手機，根本不會像現在的學生一樣，時時刻刻都在接受無數的訊息衝擊著自己。

因為我是個普通的上班族，跟娛樂圈沒有什麼關係，所以身邊幾個同事動過刀的，也僅僅是割個雙眼皮還有隆個鼻子，頂多偶爾去打個肉毒桿菌。

而且，她們也真的是比以前好看的多了。

可是對我自己而言，我終究下不了這個手，雖然現在微整型手術越來越普及，價格也不貴，但是我自己的底線在於不能讓自己的臉動刀子，即使我知道，我身邊有很多漂亮的微調過的美女，但是我目前還沒有辦法接受這一點。

我始終覺得，一旦我走上這條雖然說僅僅只是弄個雙眼皮的路，可是我自己明白，我就再也停不下來了，嘗試到了第一次走捷徑的滋味，我就會希望自己也能把鼻子做得好看一些，把額頭填充的飽滿一些，我也想要蘋果肌和嘟嘟唇⋯⋯

如果說那些透過健身、調理飲食、改變作息習慣讓自己變好的人，他們的格言叫做「有一種美叫做根本停不下來」，那勢必也會存在一種希望透過快速手段變美的人，而他們的人生格言，就叫做「有一種整型叫做根本停不下來」。

我承認人都是膚淺的動物，我們對於美好的外在一切是嚮往的，也會因為自己沒有的部分而對別人羨慕不已，可是如果不是到那種已經殘疾到如車禍現場般嚇人的臉，我還是無法認同那些普通人只是因為對自己還不夠滿意，而選擇去動刀的想法。

07

也會有人說，你看那個誰誰誰，變漂亮之後真的找工作順利多了，還有誰誰誰，後來嫁得很好不是麼？還有你看那些整形廣告上的Before和After的對比照片，怎麼可能不讓人心動？

我想說的是，這一切都是因為倖存者偏差*的錯覺，讓你以為整型過後的結果都是鋪滿讚美跟鮮花的康莊大道，可是一份工作要長久，絕對不僅僅是一張臉可以維持的，而一個女人如果僅僅憑藉後天的外貌嫁入好人家，那麼她所要承受的那份在後來的日子裡不斷自我修補的擔憂，也不是你能體會的。

至於廣告？你難道不知道廣告就是存在催眠作用的嗎？你可以去商場買買買，可是面對整型這件事的慎重，以及所要承受的風險，可不僅僅只是你去退貨或者衣服沒買對不穿就算了而已，甚至說得難聽一些，你找錯男人了還有得後悔，可是動刀的事情，一旦開始，這張臉就再也回不到從前了。

我不知道留言給我的女孩長相怎麼樣，可是字裡行間沒有感覺到她真的有多自卑，只是隱隱覺得自己不夠漂亮，所以不快樂而已。

可是我們總會老去，在後來成熟的心智裡會更加明白，擁有強大的內在自我力量，才是讓我們這一輩子可以生存下去的本錢，而且隨著年紀漸長，一個女人的修養、累積、氣質會讓她的外在變得更美，這句話我以前不相信，可是當我認識了很多三十歲以上的女生朋友之後，我對這一點的認同堅定不已。

當然了，我說的這一切前提是身為一個普通人的思考，明星或者演員還有其他特殊職業的人，為了工作需要去整型去修修補補，那是她們的選擇，但如果你不是明星，就不要把她們那一套參考標準放在自己身上。

***倖存者偏差：**survivorship bias，是一種邏輯謬誤，選擇偏差。指人過度關注「倖存了某些經歷」的人事物，而可能因為無法觀察到於是忽略那些沒有倖存的，造成錯誤的結論。

當然了，如果你真的很自卑很自卑，覺得這已經影響到你的人生了，而且你也經過思考覺得再過幾年也依舊如此，也做好了一切心理準備跟承受風險的考慮，那麼我唯一的建議就是，不要心疼錢，一定要去有執照的醫院，多諮詢多了解，再走上那個手術臺。

你無法想像美麗這件事情對於一個女人的在意程度，我也包容任何一種為了讓自己變得更好的追求和行動。我自己選擇了一條慢慢來的路，有些人則急需改變現狀想冒險一次，這些都不分對錯，重要的是，你要對自己做出的所有選擇負責，僅此而已。

只是記著，不斷修整自己外在的時候，也別忘了讓自己的內在跟著一起成長，這才是經營自己正確的方式。

有時候我們之所以不快樂，絕對不僅僅只是因為自己的這張臉而已。

我已經學會分析和歸納這些種種，
也學會了從內到外把自己的劣勢變成優點，
因為我知道這本身也是生存於世的邏輯，
心態最重要。

沒有被徹底否定過的人生，
也不值得過

我用自己的教訓提醒這些價值觀還在塑造中的孩子，
人生並沒有極端可怕的艱難之事，
因為你在經歷的或許別人也在經歷，
而我更想表達的是，相信自己真是一份強大的力量。
沒有比愛自己更重要的事了。

01

我認為遭到身邊的人否定，是一件讓人痛苦的事情。

我記憶裡，有幾個刻骨銘心的片段。

讀高一那年，英文課的老師是個穿著打扮很時尚的女人，棕色短髮，身材纖細，很少穿裙子，大部分時候是一件緊身T恤搭配牛仔褲。

在我當年那個小小的世界視野裡，她的氣質跟其他的老師很不一樣，至少她上課的風格不像其他老師那樣中規中矩，她有很多很有意思的互動教學。

對了，她說著一口很流利的英倫腔。

那個時候我剛從鄉下小地方考上市區的高中，很多不適應的地方，所以每次上課的時候總有一種沒進入狀況的恍惚感。

有一天英文課進行電影裡的對話練習，現在回憶起來也有可能是這個老師處於更年期，因為那段時間她自己也不怎麼進入狀況，教課的品質也沒有以前那麼好了，而且情緒起伏很大，同學們都很小心翼翼。

那天輪到我站起來念臺詞，但我沒有聽清楚前面一個同學念的臺詞到哪裡了，於是我向老師道歉，說剛剛走神了，想問問我現在輪到哪裡了。

老師不出聲。

我覺得有些尷尬，只能憑著記憶大概推測，然後把我的那部分臺詞朗讀了出來。

老師還是不出聲，只是讓我坐下了。

02

後來我知道我自己讀錯了，我把前面一個同學的段落重複了一遍，這是我隔壁桌的同學提醒我的。

其實這應該算是一個很小的插曲，課堂上每個學生都難免會犯小錯，而且我也不是那種經常犯錯的學生，這跟我的學習能力也沒有任何關係，純粹是我因為第一次離開家裡，心神不寧在課堂上恍神了。

可是神奇的事情在後面，從這個小插曲以後，這位老師在課堂上就再也沒有理過我了，而且更誇張的是，她每一次叫我們這一排同學起來朗讀文章段落，前面的同學一個個輪過來，輪到我的時候她就直接跳過我的眼神，然後走到我後面一個同學前面，說「嗯，到你了。」

一開始我覺得這很奇怪，但是也沒有往心裡去，可是這麼幾次下來，我就覺得不對勁了。

於是有一天課堂上，又一次輪到我這一排同學回答問題的時候，我做好了站起來回答的準備，輪到我的時候我馬上站起來了，結果我還沒有出聲，老師說了一句，「我有叫你嗎？」

現在回憶起來，那個場景我至今都記得，班上的同學悄無聲息，連平時班上很愛吵鬧的那幾個也安靜下來了，當時別說羞愧到想鑽進地縫裡了，我都想直接閉上眼睛然後再睜開眼睛告訴自己，剛剛發生的一切都是一場夢而已。

可是事實就是這麼殘忍，我腦袋一片空白，恍惚之間坐了下來，然後聽見老師說，你這樣的學生，也值得我教？第一次給你機會你不好好回答，現在還想要我理你，這怎麼可能？

於是那一刻我終於明白，我在第一次回答問題的時候表現不好，她就對我下了判決，我連解釋以及翻盤的機會都沒有。

這件事情以後，我的讀書狀況一落千丈，每次到了英文課都是恐慌至極的，我知道這個老師眼裡沒有我，我心裡當時與其說有很多委屈，不如說她把我身為學生的價值給完全否定了。

身為一個價值觀還沒建立完善的高中生，老師的表揚與讚賞會讓你的成績突飛猛進，同樣的，老師的一句話也能毀掉你當時所有的心理建設。

03

也是因為這個小插曲，我從原來一個成績不錯的好學生，一下子變成了無心用功的學生，或許會有人說既然她這麼瞧不起你，你就應該更加努力證明自己才是，但我當時真的太在乎別人的看法，更何況是老師這樣一個在我眼裡，簡直是長輩一般尊敬的神聖角色。

她的一句否定，相當於把我判了死刑一般，我每一天夜裡在宿舍睡去的時候，都期待著這一夜能夠漫長一些，我害怕天亮的晨光照進來，我害怕做早操，我害怕去吃早餐，我害怕早自習結束，因為那意味著英文課又要來了，這個女老師的冷漠面孔又要出現了。

因為惡性循環，我高中三年都不是成績出色的學生，如今想想那也算是我自閉性格的一個開端，在我的回憶裡，我的高中生活沒有充實的感受，而是更多的惶恐不安。

很多年以後，我向也是當老師的表姊請教，她說她們一群老師聊天的時候，也會聊起喜歡哪個學生不喜歡哪個學生，大部分的情況下她們也不會太偏頗，但是難保有時候心情不好時也會很討厭某個學生。

表姊告訴我，如果老師要懲罰一個學生，根本不用體罰，你只要做一件事，就是忽視他。

是的，就是不再理會他，眼神也不要跟他接觸，他做任何動作反應你都不要有任何回饋或者表情，他也不知道自己有沒有做錯事情，在這樣的自我迷惑跟否定中，他會慢慢的不敢說話，久了心裡就有陰影了。

最後他的世界觀和價值觀都會崩潰，這樣的陰影足以伴隨著他後半生的時間，讓他的人生再也快樂不起來。

我表姊解釋說，其實這也是對那些太過調皮的學生最逼不得已的方法，因為我們也不是聖人，也有工作上的壓力跟很多私人情緒，沒有辦法做到完全公正。

我回憶起自己當年在英文課堂上的那一幕，雖然我不是調皮的學生，可是就是很不走運的在那個時候撞上了這個英文老師心情最不好的時候，於是我變成了一個犧牲者，然後再聽到表姊他們老師之間討論的這個懲罰學生的極端方法，我的背脊真是陣陣發涼。

這個經歷讓我明白的第一件事，我們所謂的一些老師、醫師、護理師、以及警察這些職業的人，對他們而言首先這本身就是一份工作，是他們用來生存的謀生手段，跟其他職業的人是一樣的，一樣會有情緒不好、上班疲勞、職業倦怠的時候，我們不能一開始就拿人民公僕或者救死扶傷這些高尚的定義去綁架他們。

我的留言裡也收到過一個女生的訴苦，她說自己在醫院裡當一名護理師，每天忙碌而且工作環境不好，加上醫院裡病人總是大吵大鬧，她每天上班的時候總是鬱鬱寡歡，但是暫時找不到別的出路，所以只能將就待著。

有時候我覺得相對於我這樣偶爾還可以在茶水間偷懶一下的白領上班族而言，他們這些職業，有時候在忙碌時是根本停不下來的，這也是我如今願意體諒，並且尊敬這些行業之人的原因所在。

04

而我明白的第二件事情是，如果孩子在學校出現問題或者讀書狀態不對勁，家長一定要做好溝通的工作。

尤其是要引導孩子願意跟你分享學校發生的很多小事，有時候很多迷惑的點小孩自己不懂，但是只要家長認真傾聽，還是可以把根本問題找出來，這樣就可以比較有效的跟學校老師交涉了。

我當年因為這件事情，有天晚上寫了很長一封信寄回家裡給我爸，我說我在學校裡很不快樂，我的成績越來越差了，而且沒有努力的動力，我希望爸爸能幫我轉學，我甚至可以減少每個月的生活費，只要我可以離開這裡，因為我是真的一刻也待不下去了。

那封信是我晚上自習課的時候流著眼淚寫完的，寄出去的那一刻，我的心情第一次有了一點不那麼痛苦的感覺，彷彿有一絲希望的光亮向我照來。

可是我爸沒有回信，月底我放假回家，問起我媽這件事情，我媽說你爸把信看完了，然後就說了一句，明明是自己不努力，還找什麼藉口？

當時聽到這句話，我放下手裡的菜籃，憋著最後一口氣，躲到房間裡面，眼淚嘩啦啦的湧出來，甚至都不敢大聲抽泣。

很多年之後我才知道，那段時間是我家裡經濟最困難的時候，我好不容易考上這所高中，要是轉學的話就要涉及到靠關係請託之類的問題，那個時候說句無奈的話，對我的父母而言，他們真的已經盡力了。

在學校的日子就這麼慢慢的捱過一天是一天，後來分班，這個英文老師不再是我的任課老師，即使後半段的高中階段依然有陰影，但我最後還是努力考上了不錯的大學。

我考上大學後，聽說這個英文老師去美國進修了，開始工作之後我回高中學校看望以前的老師，也有跟她在路上遇見過，我沒有跟她打招呼就擦肩而過了。

其實也說不上討厭或者報復，因為她在我的青春歲月裡也只是存在了那麼一小段時間，而且說不定她根本就不知道，她曾經給我這麼一個不起眼的學生造成過這麼大的心理傷害。

而且即使她當年就是故意的，但是用我成年後的價值觀理解，她也已經不是當年的那個她了，我遇見了更大的世界，她甚至都不值得我再去重提這件事了。

我也終究沒有因為這件事恨我的父母，只是在事後回憶起來這段往事的時候，很感謝自己把自己救了出來。

05

我習慣透過文字整理讓自己走出這些不快樂的小事，一是為了跟往事握手言和，二也是為了提醒我自己將來有一天成為家長，在解決了基本的生存問題後，也能對我自己的孩子多一份體諒與照顧。

這也是我為什麼願意記錄下每天的所思所想的原因，雖然沒有人這麼對待我，但是至少我可以用這樣的邏輯與體諒去對待別人。

打從這件小事過後，到了後來的大學時光以及工作的日子，即使也會遇到很多被人否定的時刻，可是畢竟我自己已經漸漸成熟起來，我慢慢建立起來的價值觀在一定程度上，已經足夠化解這些外在的打壓聲音。

我的讀者裡，留言給我的孩子最年輕的是十四歲，學生占了很大一部分，這些孩子處在不同的大小城市甚至更偏遠的地區，還有很多國中或者高中畢業就出來打工的孩子也會留言給我。

網際網路的存在，讓他們打破了空間的束縛，可以接觸到最新鮮的網路資訊跟價值觀衝擊，我唯一能做的事情，就是把我走過的彎路總結出來。

我用自己的教訓提醒這些價值觀還在塑造中的孩子，人生並沒有很極端可怕的艱難之事，因為你在經歷的或許別人也在經歷，而我更想表達的是，相信自己真是一份強大的力量。

沒有比愛自己更重要的事了。

記得電影《致青春》上映的時候，我在電影院聽到阮莞說起這一句臺詞，我的眼淚突然就出來了，當時我自己都不知道，為什麼那麼多情節沒有打動我，而偏偏是這一句話。

06

這幾年過去，這一刻寫下這些文字的時候，我突然什麼都明白了。

還有人留言給我，說自己想去大城市工作，可是總遭到父母的鄙視跟打壓，他們覺得我一定混不下去，於是自己連第一步也不敢邁出去了。

如果是以前，我一定會說你要遵循自己內心的聲音，可是此刻我想多說一句，或許是你父母太害怕你離開他們，他們捨不得你，但是他們不善於表達這份情感，於是換了另外一種反向的極端方式。

父母也沒有錯，只是方式不太對而已，當你明白了這一點，你大可不必因為父母對你的片面之詞就失去信心，也沒有必要為了證明給他們看而賭氣遠離家鄉。

你要站在理性的角度分析這個選擇的利弊，以及你能夠承受的風險，這才是一個成年人對自己負責的思考方式。

挫折存在的意義，不是刻意讓你的人生顯得跌宕起伏，而是讓你將來處於順境的時候，也能存在憂患意識，這才是我們能夠寵辱不驚，獲得內心平靜的長效良藥。

總有人說要感謝你的敵人，因為是他們讓你更強大，如今我想說，其實當你走出困境的時候，你已經沒有必要去向曾經否定，或者打壓過你的人證明或者報復些什麼了。

雖然那一句「今天你對我愛搭不理，明天我讓你高攀不起」的雞湯文風靡網路，可是說真的，馬雲真的還有空理會這些小情緒小得意的成就感嗎？

他的格局已經不在這上面了，那些當年對他愛理不理之人也並沒有過得很糟糕，只是馬雲自己跳躍了好幾層到了更高的位置而已。

人來人往，生活不過是一個人自己走下去而已，挺住，意味著一切就對了。

挫折存在的意義，

不是刻意讓你的人生顯得跌宕起伏，

而是讓你將來處於順境的時候，

也能存在憂患意識。

職場裡
並沒有那麼多的情非得已

有時候你自己做的事情
對與不對跟你自己沒有關係，
而在於別人怎麼看待你。

01

今天看到一篇文章，關於分析出身不同對於孩子的思維影響有何不同，其中舉了一個很簡單的例子，一家公司的ＨＲ觀察了一下最近剛入職的一批社會新鮮人，發現了一些有趣的差別。

第一天很早到公司報到的，通常是家境比較普通的孩子，他們往往局促不安，不知道自己下一步該怎麼做，自己彆扭，讓別人看了也覺得彆扭。

至於那些準時到公司，剛進到會議室就開始向大家打招呼倒茶的孩子，不用想就知道父母也是差不多的工作出身的，從小耳濡目染，輕車熟路。

還有一些算不上大剌剌，但是至少不慌不忙，也不急著要讓周圍的人留下好印象，走進會議室直接就自己坐下來玩手機的孩子，大部分人的父母也必定是做生意出身的。他們見過各種鬧哄哄的場面，也學會了在任何一種陌生的環境裡找到讓自己舒適的那個點，所以他們並不害怕。

這個ＨＲ說，這個觀察他嘗試了很多年，基本上所有的猜測最後都被證實是正確的，而他也學會了用這個邏輯去安排不同性格的小孩到合適的職缺。

比如說個性比較局促的新人，就先讓他做一些執行層面的工作，比較懂得公關社交的，就讓他去扮演一些部門之間打交道的角色，而那些內心比較淡定的就讓他們做業務助理，把自己的長處發揮出來。

結果發現，這一系列安排造成的契合度極高。

我覺得這是一個很負責任的ＨＲ，他用自己的細微觀察，不僅僅是從專業水準上去衡量一個人，而是從更高層次的性格角度去做職缺安排。

畢竟我們都知道，只用最初的熱情或者討生活的動力讓自己喜歡上一份工作並不是很難的事情。可是如果長期處於一種自己不適應的工作狀態中，這樣的狀況，要麼是你拿意志力讓自己過一天是一天，要麼是你會開始厭惡這份工作，最後發展到厭惡你的人生。

這跟談戀愛是同樣的道理，一開始信誓旦旦的時候總是拍胸脯保證，我們一定會相愛到老。可是一旦開始過著柴米油鹽的生活，才發現你身邊的那個人並不是絕對的男神或者女神。如果再出現一些價值觀上的無法磨合，那就更是問題百出，最後甚至會連自己當初最欣賞對方的那一部分，也變成了自己最厭惡的部分。

那些你以為單純善良的人，後來你覺得人家實在是太笨了；那些你覺得老實可靠的人，後來你發現人家不懂變通；那些你覺得風趣無比的人，後來你覺得人家只是個會誇誇其談的浮華之人；那些你覺得冒險犯難的人，後來你發現人家其實是不想對一個家庭負責。

02

回到職場工作的選擇問題，我們都明白找到自己喜歡的工作是很幸福的一件事情，可是畢竟大部分的人都找不到或者還不知道怎麼尋找到自己喜歡的工作。其實解決這個難題的辦法很簡單，**如果你暫時還不知道自己喜歡什麼，那麼你至少要知道自己不喜歡什麼。**

我的工作年資雖然不多，但是可能因為心裡想的一直比較多，所以總是嘗試在這些平淡無奇的生活裡歸納出一些邏輯出來。

一是初入職場的你，少說話多做事一定是對的。

主持人金星有次說起她之前的一個助理的例子，這個助理剛開始是幫金星處理一些基本的文件整理工作。有一天助理跑到金星的辦公室裡，說印表機壞了不知道怎麼辦，金星告訴她一個電話號碼，要她去聯繫這個人過來維修。

第二天金星再到辦公室的時候，助理又跑過來問金星，說印表機油墨沒了怎麼辦，金星說你按照說明書上的方法自己換一下，要是不行可以再找昨天的維修人員幫忙一下。

第三天這個助理跑過來說印表機的紙張不夠了怎麼辦，金星這一次忍著心裡的怒氣說了一句，你自己想辦法吧！結果後來金星發現印表機還沒有修好，於是她乾脆自己捲起袖子三五下就把印表機修好了。

後來，金星就把這個助理開除了。當然並不是馬上開除，而是這樣的事情一而再再而三的發生，於是金星才做出這個決定。她的理由是，初入職場每個人都會有不懂的地方，但是你的犯錯機會是有限的，我一而再再而三的提醒你了，可是你自己始終沒有被點醒，這就是你自己要反思的問題了。

03

初入職場那一年，我也是傻傻的，但是如今想起來我最正確的選擇，就是不停的跟周圍那些看上去還算蠻和善的同事打交道，於是午飯的時候，在茶水間的時候，還有上廁所的時候，我就在無意間慢慢的把一些很基礎的公司流程跟工作給摸透了。

我至今在職場裡都不是很愛說話的那一個，因為我手下曾經帶過一個實習生，他的叔叔還是姨丈就是我們公司的董事長。

那個時候因為我喜歡吃下午茶，也會一起幫大家張羅著好吃好喝的。有一天我主管找我談話，說你喜歡吃吃喝喝不是壞事，但是也不能在上班時間太放肆，因為上面的大老闆也是有眼線的。但是主管突然頓了一下，說其實他們對你的評價還蠻不錯的，特別是有一點你做的很好，就是你很熱心，讓同事彼此之間很團結，我們部門的氣氛也都很好，而且你工作很認真負責。

當時聽完這一番話我倒吸了一口冷氣，終於明白**有時候你自己做的事情對與不對跟你自己沒有關係，而在於別人怎麼看待你。**

雖然我不知道我手下這個實習生有沒有跟他的董事長叔叔或者姨丈有意或者無意說起我這個人，但是一想到我每天中午都會拉著他一起吃午飯，修改廣告文案的時候會耐心引導他，每次下午茶都讓他負責洗點水果好刷點存在感，以及每一次發信我都會副本給他，即使他只是一個實習生還沒有我們公司的員工信箱。

我心裡琢磨著，要是我稍微有一點不留意，或者有一些不夠照顧他，在他眼裡我大概就會變成了一個冷漠的、貪吃的、工作態度不認真的人了。

在職場中總是難免遇到這種所謂「他是誰的人」，你千萬別小看了他，至少不要太嘰嘰喳喳急於表達意見，思量三分再出口再做決定，這至少不是一件壞事。

04

二是盡量不要做職場萬金油*，而是做個某方面出色的典範。

有一年公司成立了幾個專案，號召大家可以積極參與，這件事情我一開始並不在意，更沒有想過要報名，倒是跟我一起進公司的有兩個女生很積極的報名參加了。

對於我們這樣的新人而言，其實做不了什麼重要的工作，所以這兩個女生基本上就是打打雜，整理一些新聞素材，查找一些參考文獻，就跟我們大學裡跟著教授做研究差不多。

可是最後專案呈報上去的時候，這兩個女生的名字也赫然在列，而且最後這個專案還獲得了一些獎項。於是每一次公司頒布的表揚名單裡，這兩個女生的名字也都會伴隨著專案的主題出現在公告欄上。

結果可想而知，這一年下來，我們同一批進公司的同事，這兩個女

*職場萬金油：指在哪都可以派得上用場，但也沒有特別重要作用的人。

生的發展是最好的，她們成為部門裡表現最亮眼的員工，薪水當然也是不斷往上漲。

這件事情並沒有讓我有多少後悔，因為我自己明白了這一個職場邏輯之後，第二年我也學會了定期整理自己的工作中的亮點並且做成報告，於是慢慢的，在這部分的工作流程中我開始可以扮演重要的角色，也成為我主管的得力助手。

這件事情告訴我的是，**在職場中你要得到別人認可，前提是你要給別人一個可以認同你的理由。**就好比主管要提拔你，他還要拚命的找到你的工作業績亮點，就像你想要調薪，你得先給人資一個你配得上這份薪水的理由啊！

當然如果這些成績可以轉化成拿得出手的資料以及報告，那麼你的晉升之途就能飛馳向前了。

我還明白了一點，很多時候一件事情的參與過程要比結果重要得多。就好比我說的這兩個女生同事因為參與了這個專案因此得到了好處，即使她們並沒有付出多大的功勞，可是在主管眼裡你就是一個對於工作很積極主動的員工。

你整天嚷嚷說我對這份工作是積極主動的，我事事無遺漏，各個方面都做得很好，可是這些東西說出來沒有用，你得做出來才行。更重要的還有，僅僅做得好是不夠的，你還得做得出色。

05

三是不要天真以為，工作年資長就意味著經驗足夠了。

以前我總是記著一點，要尊敬那些職場長輩，因為他們吃過的鹽比你吃過的米多。這個觀點我至今也是認同的，過來人無論是否有所成績，至少很多與經驗相關的事情是可以請教的。

但是我漸漸也發現了一點，有些人在一個職位上工作了很多年，他們慢慢成為公司裡勞苦功高的人，每年尾牙時公司也會舉辦感謝典禮，頒發一枚戒指給這些在公司工作年滿五年、七年以及十年的員工，頗有一種 NBA 總冠軍的榮耀感。

其實對大公司而言，很多人工作滿十年以上是很正常的一件事情，畢竟如果薪水不錯，福利優厚，工作環境讓你有歸屬感，那麼這就是一份達到你的選擇標準的好工作。

但是這個前提是你自己是有所進步的，好比前段時間網路上討論，為什麼同為寫程式的工程師，有些人就能成為年薪好幾百萬甚至更多的明星工程師？我針對這件事請教過一個前輩，他的回答是，那些明星級的工程師做的最重要的事情不是不停加班寫程式，而是可以預見排查並且提前避開程式漏洞，有時候他們避開這些漏洞可以挽救的成果是巨大無比的。

也就是他們現在已經不做創造性的工作了，他們在用他們累積的經驗為公司躲避風險。所以他們很值錢，因為他們的經驗很值錢。

從這件事情以後，我就再也不敢抱怨說我的主管我的老闆整天不好好工作，光做一些請人吃飯陪人喝茶的事情了，因為他們正在做戰略規劃，他們正在整合資源，他們正在促進更高一層的合作。我還沒有到這個階段，我沒有本事去理解，所以我也不應該輕易批判。

至於那些在同一個職位上工作很多年，職位跟薪水都沒有起色的人，這樣的人你也不必跟他請教太多職場的經驗之談。一時的失意或者方向不對是可以理解的，但是很多年依舊如此，那麼肯定是這個人自己的工作出了問題，你要學著去思考去避免才是。

同樣的道理，我現在面試求職者的時候，不會太在意一個人工作了幾年，我在意的是他曾經做過些什麼工作，以及對應的成就。要是遇到那些沒有什麼經驗累績，只是純粹說「我已經有七八年的工作經驗，所以我就要這個薪水」的要求，我通常也是委婉的拒絕了。

你值不值得這個價錢，是你可以表達出來的，可是也不僅僅只是你說說而已的。沒有人是傻子，更沒有人願意為你身上還沒有被證實過的價值買單不是嗎？

06

四是找到你的不可替代性，這比什麼都重要。

每次聽身邊的人抱怨起自己的工作，大部分都是跟自己的主管提出意見或者要求調薪的時候，基本上都會被反駁，理由就是如果這個工作如果你不做，我換個人來就好。

於是一開始氣焰囂張提出要求的人，瞬間就如同洩了氣的球，快快的逃離了。

也是因為這樣，所以在職場初期我基本上沒有主動向主管提過調薪的事情，即使身邊有同部門的人調薪了，我也會找個理由說服自己，他一定是在某方面做得比我出色。

「不可替代」其實也包括兩個方面，一個是時間上的不可取代，一個是能力上的不可取代。

我的前公司隔壁部門有個男生打雜打了好些年，業績不算突出，但是好在性格開朗很擅長搞好人際關係。有一天他的直屬主管突然離職了，還帶走了另外兩個同事。

這件事情其實算不上什麼大事，可是這個男生突然跑到人資部門，說自己的最近工作量太大了很多承受不了。這個時候還沒找到新的部門經理，穩定人心的事情最重要，這一點人資也很清楚。

結果就是，這個男生調高了百分之五十的薪資。

我們在背地裡說他這做法很厚臉皮，可是不得不承認，這無賴耍得真是漂亮。

另外一個就是能力上的不可取代，這也是最重要的部分。

我在第一家公司的時候，對面坐著華中區的業務總監，他是個溫柔甚至還有些害羞的男生，看起來根本不像具備這個職位該有的強勢。

後來我才知道，他的家人中有親戚就是華中地區地方電視臺的主管，我們公司是做供應商的，在相關產業當中維持好關係是很重要的。

這個男生自己工作也很努力，他不喜歡阿諛奉承，而是喜歡跟客戶慢慢維護關係促進好感，加上他錦上添花的好好利用了自己的家庭背景，所以理所當然的，他成為了我們公司最年輕的業務總監。

公司裡以前還有個行政部門的大姐，她的面面俱到、溫文爾雅真是堪比蔡康永。每次公司部門舉辦活動，大家因為隊伍分配、飯店房間分配而吵得不可開交的時候，她都會挺身而出，將任何一方安撫得服服貼貼。

這樣的小事情我經歷過無數次，雖然說她是行政部門的老大，這原本就是她的職責，可是有時候我真的不得不佩服，她也真是大大超出了我們所要求她付出的範圍。

這個大姐後來被另外一家大公司挖走了，離開前很多同事都過去跟她告別。那是我進入職場的第二年，可是我自己也清楚明白，職場裡人來人往，今天同事明天路人這麼冷漠的地方，要累積這樣的尊敬，真的是需要不少的日子以及耐心經營。

07

我雖然一路自詡為是個命不好的悲觀主義者，可是在工作這件事情上，我倒是走了蠻多的狗屎運的。

我大學自己選了新聞學系，因為小時候就喜歡寫東西，喜歡聽別人的故事。可是後來開學才知道，班上大部分人都是依照分數分發來的，他們並不喜歡自己現在就讀的這個科系。

因為不喜歡，所以他們對於必修課程都很敷衍，倒是我自己，無論是影片採訪還是新聞主題企劃，我都喜歡全力以赴，想辦法琢磨出更多的花樣來。於是同學們都喜歡跟我一個作業小組，因為那就意味著他們可以完全放輕鬆，我會負責所有的事情，最後我們小組的成績也一定是非常不錯的。

後來大學畢業開始工作，我沒有進入媒體行業，但是我開始跟電影電視劇打交道，我的工作依舊跟文字有關，並且我開始建立起了對某一類電影跟劇集的興趣，甚至還會研究背後的製作團隊跟行銷推廣的一系列知識。

後來我認識了一家時尚雜誌社的主編，有一天她突然問我，如果我把一些明星名人的採訪工作交給你，你做得來嗎？

我想都沒想就點了點頭，我說我很擅長啊，我學的就是新聞採訪，知道怎麼整理這些新聞要素。當然新媒體時代裡，我也知道怎麼挖掘出更多人喜歡的話題出來。

我還補充了一句，僅僅有專業邏輯術語是不夠的，這年頭人們喜歡看真實的表達要大過於觀點本身，這也是為什麼如今那些喜歡自嘲的明星反而能獲得一大堆人喜愛，因為網路時代我們不再喜歡高高在上的東西了。

要是以前，我是絕對不敢這樣信心滿滿的吹捧自己的，但是我覺得寫東西這件事情對我而言，就是讓自己有一種順其自然的歡愉跟成就感，在不知不覺中，它也成了可以順便養活我自己的一個手段之一。

馬雲說過一個觀點，就是一個人如果要離職那只有兩個原因，要麼是受委屈了，要麼是錢沒有給到位。我身邊一群朋友把這句話發到社群網站上，美其名曰「讓我的主管不小心看見」就好。

但是這個邏輯帶給我的反向思考就是，當你選擇了一份工作，就意味著你對於這份工作所能給予你的薪水、成就、環境、尊嚴都做出了投資報酬率最好的衡量判斷。

既然是這樣，那就表示你沒有更好的選擇了。既然你選擇了這份工作，這份工作也給了你機會，這就是一份你情我願的心照不宣了。

那些吵著現在這個工作不好，薪水不夠高，主管是奇葩，同事是怪人等等，這都是我們必須要面對的，如果你覺得自己承受不住，那就換另一個坑就好。

占著一個茅坑每一天斤斤計較各種批評，你老闆浪費的只是一點薪水，而你失去的卻是你對於事業的耐心、熱情、思考、努力的動力，你失去的是你的人生啊！

08

對了，我忘了說第五點了，**工作沒有對錯之分，只有合適與否之分。**

我曾經歷過無數次找工作被拒，從一開始的全盤否定自我，到後來意識到一點，這並不僅僅是我能力不夠的問題，因為前提是我都是按照自身的定位去尋找工作機會的，所以有時候也有可能是目前這個職位不適合我自己罷了。

你試試，這種阿Q心理很有效的。

同樣的，如果得到了一份工作，你也沒必要那麼感恩戴德，要拚命為了公司付出自己的一切。這個時候你也是公司和主管需要的一個有用之才，你只需要把自己的長處發揮出來，完成本分工作並且讓自己有所進步、經驗有所累積，這就是你最大的收穫了。

至於主管對你的認可，薪水的增加，當你自己表現出自己配得上的本事之後，這一切都會隨之而來的，但是這個結論反過來是不成立的。

職場裡並不需要那麼多的情非得已，你適合什麼樣的工作，是試出來的，這個過程需要耐心，更需要勇氣，以及還有實力沉澱後演化而來的好運。更重要的是，找到你的熱愛，你的眼裡才能有光。

這些碎碎念的總結我是想到什麼就寫什麼了，沒想過做什麼心靈導師，我自己都是掙扎在這自我生存洪流中的小浪花一枚。

但是總結不是一件壞事，它讓我赤裸裸的面對自己曾經的幼稚可笑以及格局狹隘，也提醒著我自己接下來可以踩著自己錯誤的腳印，讓自己的職場之路變得更加內心從容一些，僅此而已。

所以不如化被動為主動，即使只是想法上的一瞬轉換，可是這個能量的延伸氣場是完全不一樣的。當你開始認真對待一份工作，對待一件事情，它在未來的某一天也一定會給予你回報的。

嗯，試試吧。

職場裡並不需要那麼多的情非得已，
你適合什麼樣的工作，是試出來的，
這個過程需要耐心，更需要勇氣，
以及還有實力沉澱後演化而來的好運。

高跟鞋是吸血鬼

這個城市裡的我很孤獨，
就像走夜路一樣，
長長的隧道裡滴答滴答，
只聽得見自己腳步的聲音，
卻終究看不到盡頭。

01

四年前，我第一次帶著行李箱，隻身來到這個大城市。

六點的清晨，馬路兩邊的高樓林立，彷彿還在散發著昨夜裡燈紅酒綠的沉醉迷離。

我沒有地方住，只能借住在提前到這裡實習的同學的員工宿舍。

嗯，我住的是沙發，七月的天氣炎熱得像發情的野獸，我汗流浹背，一夜無眠。

上班第一天，我踩著十公分的高跟鞋出門。前一夜在家的時候我準備好了各種小東西，ＯＫ繃、腳後跟貼，還多備了一雙帆船襪。

我心裡打算著這一段路程並不算很遠，轉兩次地鐵就可以了。

也是在那一天，我經歷了最動盪的人生第一次上班交通高峰。

四十分鐘的上班行程，車水馬龍，你追我趕。到了公司辦公室的時候，我第一件事就是衝去廁所。

我整個人癱瘓坐在馬桶蓋上，大口喘氣，然後把還在顫抖中的腳上的高跟鞋脫下來。

我定睛一看，腳後跟整整一塊肉都掉了下來，血跡斑斑，慘不忍睹。

我不知道那一天我是怎麼過去的，辦公室的HR姐姐把我們這一批新進員工帶到會議室裡舉辦新人說明會。我貼了兩層OK繃的腳後跟在重新穿上高跟鞋那一瞬間，依舊撕裂得疼痛。

我坐在會議室的椅子上，一直不敢動彈。

午餐的時候有同事邀請我去吃飯，我一臉為難的表情拒絕了，不是我不願意，而是我是真的，真的走不動了。

那一夜下班，我打電話給自己的閨密，還沒有開口說話就抽泣了起來。

我委屈的哭訴著，說這不是我想要的生活，這也不是我能承受得來的職場，辦公室裡很多人的面孔都很冷漠，再也沒有在大學校園裡那種熱情跟肆無忌憚的單純。

這個城市裡的我很孤獨，就像走夜路一樣，長長的隧道裡滴答滴答，只聽得見自己腳步的聲音，卻終究看不到盡頭。

我還抽泣著說，我這雙腳第一天就廢了，那接下來這幾十年職場生活，又該怎麼熬？

閨密在電話那頭罵我，你這個笨蛋！為什麼第一天就踩著十公分的高跟鞋呢？你難道不知道羅馬不是一天造成的道理嗎？這個高度你現在駕馭不了，你可以先從三公分、五公分、七公分慢慢開始嘗試啊！

第二天我學聰明了，我踩著一雙平底鞋出門，然後用袋子裝上一雙五公分的高跟鞋。到了辦公室放下包包，換上高跟鞋，一步、兩步、三步……果然，踏在這平淡舒適的辦公室地板上，跟昨天的受罪比起來真是幸福到真的不只是一點點。

02

一晃幾年的時光過去了，這些年下來，我也漸漸開始擁有了好幾雙不同高度跟各種款式的高跟鞋。

就像閨密叮嚀我的，我從低到高漸進慢慢適應各種高跟鞋，我去商場各種斤斤計較的試穿，也不斷犯錯過，慢慢摸索出自己最愛，以及最適合自己的高跟鞋風格，就如同我摸索這幾年自己的職場風格一般。

當然我也不是個自討苦吃的人，我會平底鞋、運動鞋、高跟鞋變換著穿，但是只要在我重視的場合，我一定會換上所謂的戰靴高跟鞋。

我不算是個高跟鞋控，但是我知道鞋櫃裡的每一雙高跟鞋，對我而言都有一個意義。它們見證我拿到第一份薪水，我談成了第一單客戶，我拿到了第一筆年終獎金，我去見了一個很重要的朋友，我參加了一場很有意思的Party，還有我在這個城市裡沒有人陪伴的每一個生日。

我們對於這個社會第一次真正感到害怕，是在於你打包行李離開校園的那一天，不管你願不願意承認，真相就是再也沒有人會把你當成一個學生了。

有人說高跟鞋是性感，是最風姿綽約的代名詞，對我而言，高跟鞋卻是意味著我對每一個生活事項的重視程度。它陪伴著我從一個小鎮姑娘，成長為一個大都市裡的輕熟女。

影集《慾望城市》裡的Carrie說，「站在高跟鞋上，我能看到全世界。」對我而言，站在高跟鞋上，我能抓住我自己想要的那片世界。

高跟鞋這個玩意，真是讓人又愛又恨。

我們可以前一天剛在地獄之門的疼痛中發誓，這是我最後一次穿上這個鬼東西了！可是第二天當你被邀請出席一場舞會，或者是你的老闆要你去跟一個客戶見面，我敢保證那一刻你會瞬間忘掉昨天的所有苦不堪言，搭配一身得體的套裝或者連身裙，踩上一雙高跟鞋，抬頭，挺胸，收腹，深呼吸一口氣，心裡大喊一聲，戰鬥吧！閃閃發光的女漢子！

03

我和我的閨密們一直想幫高跟鞋取一個代名詞。有一天看美劇的時候，我心裡冒出一個念頭，高跟鞋不就是吸血鬼嗎？它夠美，夠神秘，夠讓你欲罷不能。

它有一種邪惡與強大並存的矛盾感，它總是把你折磨得痛不欲生，可是你卻從來沒想過要拋棄它。而且重要的是，它的存在，意味著我們生而為女人的解放，成長，獨立，自信，以及種種關於領悟跟成長的故事陪伴。

我覺得很多女孩跟我一樣，人生的第一雙高跟鞋在如今看來，是不美麗不生動，不活潑也不性感的。

我至今也想不明白當年自己為什麼會入手這麼一雙的奇葩之物，可是我卻一直沒有丟掉自己的第一雙高跟鞋，在這個城市裡幾經搬家清理行李，卻終究不捨得把它丟棄。

生活沒有把我變成幻想中的樣子，卻讓我在再次穿上高跟鞋的時候，即使依舊覺得疼痛磨人，也可以走得更遠，走得更氣宇軒昂。

與其說我在駕馭一雙讓我腳下生風的武器，不如說我在駕馭著追求一種我想要的生活狀態，這才是這個吸血鬼帶給我的最大能量不是嗎？

我們對於這個社會第一次真正感到害怕，

是在於你打包行李離開校園那一天，

不管你願不願意承認，

真相就是再也沒有人會把你當成一個學生了。

這是我最糟糕的一年，
也是最好的一年

雖然說日子平淡而過，
但是從時間的長度而言，
我們都在為自己成為怎樣的一個人而累積，
這也決定了我們能過什麼樣的生活。

01

其實不同的人對於每一個年度的更迭替代的感受是不一樣的，就好比我們小時候期待各種節日到來，這樣可以拿紅包、穿新衣、有假期玩耍。

現在的我也一樣期待著節假日的到來，但是不再是過去那種具象的期盼，而是期待著能在這百無聊賴的日子裡，憑添一點亮色罷了。

這是實話，我一直覺得生活都是寡淡無味的，我不知道從什麼時候開始有了這麼一個生活暗示。可能是從大學開始，畢竟在考上大學以前我如同機器人，為了過千軍萬馬早已沒有精力去思考關於人生的種種。

因為這種百無聊賴，於是總是期待著有一種外來的溫暖的助力能澆灌自己。

後來我發現這事沒有人能夠幫自己，這是個殘忍的事實，卻也是最真實的生活真相。

我覺得大部分人都跟我一樣吧，辛苦的學習或者工作一番，有所成績，也有所失去，有時候也會拖延偷懶，有時候也會情緒激動，但是終歸到最後，發現自己依舊不過平淡如此。

每次看到公司辦公大樓一樓大廳掛起漂亮鮮豔的掛飾，我才會反應過來，哦，又一年要過去了。

不過雖然說日子平淡而過，但是從時間的長度而言，我們都在為自己成為怎樣的一個人而累積，這也決定了我們能過什麼樣的生活。

02

夜裡我整理了一下電腦裡的文字資料夾，看看這大半年來自己寫過的字字句句。有些離我很遠，以至於我自己現在也不知道當時自己為什麼會寫下這樣的文字。

只是我也不曾後悔過，因為即使幼稚萬分，可是至少我開始去做了不是嗎？

我不知道在這些篇章裡，你從哪一篇文字裡認識了我。

總之謝謝你來了，謝謝你還在。

如果有一天你自己成長了看膩了，我的這些價值觀已經不能給予你更多分析或歸納了，那麼也希望你悄悄離開就好。因為還是要謝謝你來過啊。

這就是為什麼我喜歡時間這樣東西，它看似無情而冷漠，可是對於我這般體會深刻的人來說，這條流逝的長河裡有過各種多彩斑斕的觸碰，有過如此奇妙的連結。

即使最後終歸人來人往各自散去，可是我的空白人生在這一年也多了這麼多厚實的沉澱，這才是最重要的部分。

03

真實生活裡的我，也多了些許變化呢。

這一年裡，我出版了書，開始一個人旅行，寫了好幾個陌生人的故事，我還發起了第一次募捐，幫一個陌生人籌到了三萬多塊錢。

這一年裡，我還搬了新家，換到了更大的房子，告別了我住過三年的住處。

我還告別了一份工作，告別了一些跟我志同道合的同事朋友。

每次經歷這樣的時刻，即使萬般有所不捨，但是也知道我必須往前走，這是一條不應該回頭或者猶豫的路。

當然也有高興的事。

一是關於友情。

我的人生裡有三個閨密，分別都在不同的城市生活，她們經常搭車來看我，其中一個住得比較遠，但因為高鐵開通，兩個半小時的車程我們就能見到面。

真心感激這個飛速發展的時代，交通也不再是從前的車馬很慢，那種雖然很美可是也有無奈的妥協，已經不存在於我的生活裡了。

二是關於愛情。

接下來我要跟男友規劃結婚旅行的事宜，結婚這件事情對於我這樣認真的人而言馬虎不得，我要的不是隆重的婚禮或者散播消息廣而告之，這不是我們喜歡的處事模式。

我跟他都是兩個典型摩羯，我們希望按照我們喜歡的方式，低調而開心的把這個事項完成。

所以我把我想說的都說了，更多關於戀愛，關於過生活，對我而言是冷暖自知。我不會曬恩愛，我總覺得把幸福攥在心裡去感受它，比什麼都重要。

三是關於親情。

很慶幸的是，我的父母身體還算健康，即使他們總難免會嘮叨跟操心，但是我不再是過去那個自卑而渺小的自己，我學會了跟他們溝通，也開始用我自己的能力給予他們一些回報。

之所以把親情放到最後一個點，不是因為我不夠在乎，而是因為太在乎。

這一年裡，我失去了三個僅次於我父母之外的重要的親人，比起很多從小經歷生離死別的人來說，我算是幸運的，可是當我真的開始接受這樣一個關於生與死的考驗的時候，我真的是很害怕的。

因為害怕，所以不敢提及。

我覺得總有一天，我會找到一個合適的時刻，在情緒釋放過後，也開始學會釋懷，開始跟生離死別這個詞語和解。

現在我還做不到，這是我必須承認的。

慢慢來，我只能這麼安慰自己。

但是讓我高興的一點是，我真心從心裡理解了父母，這是我在這一年之前絕對不敢說的一件事，即使他們並不知道這對他們而言有多重要，可是對我而言，那真的是一場巨大的解脫。

如同溺水很多年的人，掙扎無力，黑暗沉溺，如今終於有了一點星光，我聞到了一絲水岸邊的新鮮空氣。

這份巨大的內在喜悅，足夠讓我在未來幾十年的歲月裡，支撐過很多很多的難處。

這份支撐，無異於信仰的力量所在。

04

一年前我從來沒想過，這個世界裡，會有十萬人願意看看我的碎碎念。

我是個很自私的人，這份自私源於我的沒自信，我害怕被現實中身邊的朋友或者同事知道我是一個神經質的人，所以我必須要找到一個出口釋放出來。

我一直告訴自己，我只是要整理我自己，我只想從每一次的內心糾結跟痛楚裡分析出一些能夠說服我自己的道理，然後把這些累積下來，留給未來的自己，留給我未來的孩子，留給我晚年的時候拿出來，坐在搖椅上慢慢翻看。

我從未想過以我一個人的力量，在這不到一年的時間裡，可以完成十萬人的點閱率。

我沒有這樣的想法，一是我真的做不到，二是我也沒有這個壓力。

但是就因為不曾有過，所以當我被越來越多的人認識，這份驚喜到來的時候才會體會得更深刻一些。

我最喜歡嘮叨的一句話就是，**不要因為走得太遠，而忘了我們當初為什麼要出發。**

嗯，我還真沒忘過這份小心思。

我依舊有很多害怕的部分，我發現離自己喜歡的生活還有一段距離，我害怕自己還沒開始看過更大更美的世界就老了，我害怕自己還不夠強大我的父母就老去。

但是我也明白，**這些生活本身都存在，我擔心與否，它也不會改變。**

我唯一能夠改變的部分，就是讓自己成為自己的英雄，這樣我才能駕馭我自己的慌張，我才能抵禦別人對我施壓的慌張。

把過去發生過的事情重新列出來，把待辦清單列出來，不是為了要確認自己是否完成每一項事項任務，而是為了告訴自己你曾經有過多少期待，你完成了多少，而下一步你打算如何實現。人生這麼長，總是要留下些許可以用來回顧的載體給自己不是嗎？

期待今年的你，也能如我一般，多一些思考，少一些慌亂。世界那麼大，有些人在漸行漸遠，有些人在慢慢靠近我們。再多的傷感，也比不過抱著一份熱鬧的心情，迎接下一個更好的自己。

就像我的朋友告訴我的，迷失的人迷失了，相逢的人會再相逢。誰又能告訴我們，下一年不會更好呢？

希望明年的這一天我再看這一篇文章，我能理直氣壯的告訴自己一句，你的選擇沒有錯，這條路是對的，因此努力的方向才有動力與收穫可言。

與你共勉。

不要因為走得太遠，
而忘了我們當初為什麼要出發。

微文學39

你不能總把這世界的光芒都讓給別人

作　者——達達令
主　編——楊淑媚
責任編輯——朱晏瑭
封面設計——張巖
封面插畫——見見
內文設計——林曉涵
校　對——朱晏瑭、楊淑媚
行銷企劃——謝儀方

第五編輯部總監——梁芳春
董事長——趙政岷
出版者——時報文化出版企業股份有限公司
一〇八〇一九臺北市和平西路三段二四〇號七樓
發行專線——（〇二）二三〇六六八四二
讀者服務專線——〇八〇〇二三一七〇五
（〇二）二三〇四七一〇三
讀者服務傳真——（〇二）二三〇四六八五八
郵撥——一九三四四七二四　時報文化出版公司
信箱——一〇八九九臺北華江橋郵局第九九信箱

時報悅讀網——www.readingtimes.com.tw
電子郵件信箱——yoho@readingtimes.com.tw
法律顧問——理律法律事務所 陳長文律師、李念祖律師
印刷——勁達印刷有限公司
初版一刷——二〇二〇年十二月十一日
定價——新臺幣三八〇元

ISBN 978-957-13-8466-5
Printed in Taiwan

你不能總把這世界的光芒都讓給別人/達達令作. -- 初版. -- 臺北市：時報文化出版企業股份有限公司, 2020.12
面；　公分
ISBN978-957-13-8466-5(平裝)
1.自我肯定 2.自我實現
177.2　　109018272